우리 아이 공부짱, 인기짱 되는 방법

웃으면서 배워요 ①

재미있게 숙제하기 & 부글부글 나 지금 화났어 편

트레버 로메인 · 엘리자베스 베르딕 · 마조리 리즈스키 지음

이소희(숙명여대 아동복지학과 교수) · 이정화(한국부모코치센터 대표) 옮김

한 언 HANEON.COM

웃으면서 배워요 ①

재미있게 숙제하기 & 부글부글 나 지금 화났어 편

펴 냄   2005년 8월 25일 1판 1쇄 박음 | 2005년 9월 1일 1판 1쇄 펴냄
지은이   트레버 로메인 · 엘리자베스 베르딕 · 마조리 리조스키
옮긴이   이소희 · 이정화
펴낸이   김철종
펴낸곳   (주)한언
          등록번호 제1-128호 / 등록일자 1983. 9. 30
주 소   서울시 마포구 신수동 63-14 구 프라자 6층(우 121-854)
          TEL. 02-701-6616(대) / FAX. 02-701-4449
책임편집   한언 출판기획팀
디자인   백주영 jybaek@haneon.com
홈페이지   www.haneon.com
e-mail   haneon@haneon.com

          ISBN 89-5596-261-4 03370
               89-5596-264-9 03370 (세트)

웃으면서 배워요 ①

재미있게 숙제하기 & 부글부글 나 지금 화났어 편

How to Do Homework Without Throwing Up (1997)
Written and illustrated By Trevor Romain

How to Take the GRRR Out of Anger (2002)
By Elizabeth Verdick and Marjorie Lisovskis

Copyright © Free Spirit Publishing Inc.

Korean Translation Copyright © 2005 by Haneon Community Co.

Korean edition is published by arrangement
with Free Spirit Publishing Inc.
through Duran Kim Agency, Seoul.

이 책의 한국어판 저작권은 듀란킴 에이전시를 통한
Free Spirit Publishing Inc.와의 독점계약으로 도서출판 한언에 있습니다.
저작권법에 의하여 한국 내에서 보호를 받는 저작물이므로 무단전재와 무단복제를 금합니다.

항상 웃을 수 있는 용기를 가지면
세상은 더욱 아름다워질 거예요.

To

From

소중한 아이들의
빛나는 미래를 위하여

무조건 자녀들을 닦달해서 성적만 올린다고 그들이 성공적인 인생을 살 거라고 생각하는 건 큰 오산입니다. 지금 성공의 개념은 급속도로 변하고 있습니다. 좋은 성적이 좋은 대학으로, 좋은 대학이 좋은 회사로 연결되고, 좋은 회사에 입사하는 게 결국 인생에 성공을 가져다준다는 생각은 바뀌어야 합니다. 인생의 목표가 없는 아이들은 좋은 대학에 들어가도 허송세월하기 일쑤며, 사회성이 없거나 스스로 자신의 생활을 관리해본 적 없는 사람들은 무기력한 삶을 살게 마련입니다.

그래서 현재 많은 아동교육자들이 성적이 아닌 사회정서적 능력을 키워주는 교육법에 주목하고 있는 것입니다. 어떤 상황에도 유연하게 대처하고, 사고력과 집중력을 통해 스스로 문제를 해결하는 능력들이 아이의 밝은 미래를 보장해주고, 그것이야말로 21세기 사회가 요구하는 필수적인 능력입니다. 낯선 상황을 두려워하고, 거부하는 아이와 무슨 일에든지 주체적으로 도전하는 아이의 발전가능성은 확실히 다릅니다. 결과에 좌절하기보다는 실패를 분석하고, 외부적인 상황이나 사람을 탓하기에 앞서 자신을 돌아보며 더 효과적인 대안을 내놓을 수 있는 아이가 더 건강하고 행복하게 자란다는 것 역시 두 말할 필요가 없습니다. 그래서 부모님들은 어릴 때부터 아이에게 문제를 스스로 해결하는 힘과 그것을 효과적으로 실행하고 관리하는 능력을 키워줘야 하는 것입니다.

이 책은 바로 그런 취지에서 탄생했습니다. 이 책은 아이들이 실생활에서 겪는 여러 가지 사건과 그것의 해결책을 쉽고, 재미있게 제시하고 있습니다. 첫번째 단계에서는 아이들이 스스로 자신의 상태를 돌아보게 합니다. 자신이나 주위환경, 다른 사람들에 대한 부정적인 생각들, 게으름과 무기력함, 아이 자신도 모르게 하고 있는 잘못된 습관들을 돌아보게 합니다. 두번째 단계에서는 긍정적으로 사고하고 그것을 위해 배워야 할 구체적인 지침들과 명백한 근거들을 알려줍니다. 세번째 단계에서는 스스로를 변화시킬 수 있는 방법을 한 단계, 한 단계 구체적으로 알려줘서 실천할 수 있도록 도와줍니다. 이러한 과정을 통해 아이들은 그저 아는 것에만 그치는 게 아니라 생각을 변화시켜 행동까지도 변화시킬 수 있게 되는 것입니다.

이 책에서 다루고 있는 '시험과 스트레스' '숙제와 분노' '따돌림과 싸움꾼' 등은 아이들이 생활 속에서 매일매일 겪고 있는 문제들일 뿐더러 나아가 사회성, 자존감 등에 영향을 미치는 문제기도 합니다. 이러한 문제들을 어떻게 다루느냐에 따라 앞으로 인생에서 부딪힐 수 있는 문제들에 대한 대처방식이 결정되고, 그것에 따라 아이들은 자기 안에 있는 긍정적인 에너지와 잠재력을 발견하고 자신감을 지니게 되기 때문입니다.

그렇기 때문에 이 책은 자라나는 성장기 아동들의 생활지침서가 될 수 있습니다.

특히, 지금까지 아이들이 직접 읽고 생각하며 그 내용을 부모와 함께 토론할 수 있는 책이 전무후무했기 때문에 더욱 그러합니다. 이 책의 장점을 다섯 가지로 더 세분해서 알아보자면 다음과 같습니다.

첫째, 초중고등학교 학생들이 한번쯤 고민해봤을 문제들에 대한 해결책을 아이들의 눈높이에 맞게 제시합니다.

둘째, 아이들이 직접 읽고 생각하며 문제에 대처할 수 있도록 도와줍니다. 특히 이를 위해 문제나 해결책을 아주 작은 단위로 나눠서 누구나 쉽게 공감하고 실행할 수 있도록 도와줍니다.

셋째, 부모님들도 아이들이 겪는 어려움을 이해할 수 있게 해줍니다. 아이들의 마음과 입장을 충분히 고려하고 보다 구체적이고 세부적으로 아이의 욕구를 이해할 수 있도록 도와줍니다.

넷째, 실질적인 교재로 사용할 수 있습니다. 선생님과 학생들이 각 주제에 대한 토론을 통해 각자의 생각과 느낌을 나누고 실천방안을 모색할 수 있도록 도와줍니다.

다섯째, 아이들의 호기심을 불러일으키고 관심을 지속시킬 수 있도록 아이들의 언어를 사용했고, 재미있는 이미지를 수록했습니다.

아동의 발달과 성장을 고민하며 그들이 스스로 클 수 있는 방법을 모색하는 아동학자의 입장에서 봤을 때, 이 책이야말로 아이들을 위한 '자기계발서'라고 확신합니다. 아이들이 자신의 느낌과 생각들을 다시 한 번 뒤돌아보고 즐거움 속에서 자신을 변화시킬 수 있도록 도와주기 때문입니다.

끝으로 아이들의 발달과 성장에 가장 필요한 학습법과 아이들에게 맞는 방법이 무엇인지 알고 실천하는 한언 출판사 여러분께 격려와 감사의 말씀을 전합니다.

옮긴이 이정화 · 한소희

PART 1
재미있게 숙제하기!

차례

PART 2
부글부글 나 지금 화났어!

PART 1 재미있게 숙제하기!

꼭, 꼭, 꼭 해야 하는 것은 어쩐지 더 하기 싫지요? 숙제를 하기 싫은 이유도 바로 그 때문인가 봐요. 어렵기도 하고요. 하지만 여러분이 알지 못했던 사실 한 가지. 숙제도 충분히 재미있게 할 수 있는 비법이 있답니다. 이제부터 함께 알아볼까요?

숙제, 포기하지 말자!

이 책 읽기 싫어~

지금 이렇게 생각하고 있죠? 그렇죠?

핫! 지금부터 내 얘길 잘 들어봐요. 지금부터 '숙제'에 대한 얘길 할 거거든요.

숙제! 숙제! 숙제!

"숙제? 숙제 따위 누가 만들어낸 거야?"라고 말하려고 했죠?
다시 한 번 생각해봐요. 사실 숙제는 꼭 필요한거예요. 숙제가
인생을 끔찍하게 만들기만 하는 건 아니거든요.

숙제를 하면 좋은 점들은

- 아직 완전히 이해하지 못한 것들이라도 숙제를 하고 문제
  를 풀면서 익힐 수 있어요. 또 숙제를 하면서 배운 것을
  복습해볼 수도 있고요.
- 학교에서 다 마치지 못한 문제를 풀 수도 있고,
- 혼자서 공부하고 생각을 키워가는 데도 큰 도움이 된답니다.

자, 나를 따라서 큰 소리로 말해봐요.

"숙제는 끔찍한 것이 아니다."

(정말이야, 그렇게 끔찍하진 않아!)

"나는 숙제를 포기하지 않고 끝까지 해낼 수 있다."

　학교에 다니는 아이라면 누구나 숙제를 한답니다. 여러분 혼자 하는 것은 아니에요. 그리고 다들 숙제를 해야 하는 상황에서 괴로워하지요. 여러분이랑 똑같아요.

숙제하기 싫어서 집에도 안 가고 바깥을 어슬렁거리는 것을
'꾸무럭거리기'라고 불러요. 꾸무럭거리기는 이런 뜻이죠.
"나는 숙제 안 해도 되는 1,000가지 핑계를 생각해내고 있지."

괜히 죄 없는 머리카락을 쥐어뜯지 마세요! 그런다고 숙제가
없어질 것 같아요? (숙제는 그대로고, 금방 대머리가 될 거예요.)

아니, 뭐… 솔직히 숙제는 완전 시간낭비잖아.
지금? 컴퓨터 게임하고 있는데? 컴퓨터 게임을 하면
멋진 것들을 많이 알 수 있어. 왜 꼭 필요한 정보들 말이야.
어떻게 하면 괴물을 처치하고 악당을 쳐부수냐…,
그런 거.

숙제는 시간낭비일 뿐이라고 말하는 사람들은 사실 자기가
무슨 소릴 하는지도 모를 거예요. 그런 애들은 앞으로 살아가
면서 꼭 필요한 것들도 못 배우고, 어른이 되면 정말 하기 싫은
일을 억지로 하면서 살게 될 지도 몰라요.

　짜증만 낸다고 숙제가 저절로 해결되겠어요? 그렇게 짜증만
내다가는 혼자 지쳐서 쓰러질 거예요.

아무리 그래도 숙제를 사라지게 만들 수는 없답니다! 숙제가 '푸숭!' 하고 먼지로 변해서 사라락 사라질 수 있을까요? 아무리 숙제를 숨기거나 없애려고 해도, 내일이면 어김없이 숙제가 나타날 거예요.

　숙제를 안 하고 도망갈 수도 없지요. 어디로 도망가든 숙제는
여러분을 따라갈 테니까요. 아마 북극까지라도 따라갈 걸요?
먼저 숙제를 잡지 못하면, 반대로 숙제한테 잡혀버릴 거예요!

눈 딱 감고 후다닥 숙제 해치우기

숙제랑 싸우거나, 숙제한테 화를 내도 소용없어요! 무슨 짓을 해도 이기지 못할 걸요? 가장 좋은 방법은 그냥 숙제를 하는 거랍니다. 매번 숙제하기 싫어서 토할 것 같다면 차라리 그냥 해 버려요!

혹시 지금도 해야 할 숙제가 있나요? 그렇다면 당장 이 책을 덮고 숙제 먼저 해치워버리세요. 일단 하고 나면 굉장히 기분이 좋아질 걸요? 게다가 '아아, 숙제해야 되는데 어떡하지!'라는 마음속 걱정 없이 느긋하게 다시 이 책을 읽을 수 있을 거랍니다.

　방에 있는 물건들이 숙제를 못 하게 방해한다고요? 죄 없는 물건을 탓하지 말아요. 연필을 산산조각 내놓거나, 책상을 발로 차고, 스탠드를 쓰러뜨리고, 곰인형에게 큰 소리로 짜증낸다고 해서 숙제가 저절로 되는 건 아니에요. **숙제를 해야 하는 건 여러분이라고요.** 바로 여러분!

아무리 간절히 기도를 해도,

아무리 정성껏 소원을 빌어도,

아무리 큰 소리로 울고불고 난리를 쳐도,

숙제는 꼭 해야 돼요!

숙제 하기 싫은데
– 10가지 핑계거리

1. 숙제 할 기분이 아니야.

2. 다른 할 일이 많아서 숙제 할 시간이 없는 걸?

3. 숙제? 무슨 숙제? 숙제가 있었어?

4. 앗, 책을 학교에 놓고 온 것 같아.

   아니면 버스, 아니면 문구점에!

5. 제일 좋아하는 TV 프로그램을 봐야 해!

6. 아무도 나에게 숙제하라고 얘기 안 했어.

7. 숙제는 정말, 정말, 정말 지루해.

8. 숙제 말고 할 게 많아.

   게다가 그것들은 숙제보다 훨씬 더 재밌다고.

9. 숙제가 뭔지 안 적어왔어.

10. 우리 집 강아지가 내 공책을 먹어버렸어.

여기 숙제에 대한 엄청난 진실이 다가옵니다!
그것은 바로, 숙제는 집에서 해야 한다는 것!

숙제와 친하게 지내려고 노력해보아요. 숙제를 적이라고 생
각하지 말고 같은 편이라고 생각하면 숙제하기가 더 쉬워지거
든요.

숙제 시간표를 짜보면 어떨까요? 시간표가 있으면 정확히 언제 숙제를 해야 하는지 알 수 있고, 언제부터 놀 시간인지 알 수 있답니다.

시간표를 만들어서 냉장고 앞이나 방문 앞에 붙여놓으면 절대 잊어버리지 않을 거예요.(금지 : 시간표는 절대 구기지 말고, 너덜너덜하게 만들지 말고, 침을 뱉지도 말고, 코를 풀지도 말고, 구겨서 던져버리지도 말고, 더러운 손가락으로 문대지도 마세요!)

60점짜리 숙제 시간표

오후 4:00부터 7:30까지	밖에 나가서 놀기, 강아지 밥 주기, 밥 먹기, 컴퓨터 게임하기, 금붕어 밥 주기, 만화책 보기, 코딱지 파기, 손가락 꼬무락거리기, 아무 것도 안 하고 천장 쳐다보기.
오후 7:30부터 9:30까지	앞 시간에 했던 것 한 번씩 더 하기, TV 보기.
오후 9:30	잠자리에 들기.
오후 9:31부터	천장 다시 쳐다보기, 안 한 숙제 중에서 중요한 것 생각해두기, 걱정돼서 땀 뻘뻘 흘리기, 손톱 물어뜯기, 홍수나 큰 사고가 생겨서 내일 학교에 안 가게 해달라고 기도하기.

100점짜리 숙제 시간표

요후 4:00부터 4:30까지	밖에서 놀기, 간편하고 몸에 좋은 간식 먹기.
요후 4:30부터 5:30까지	숙제 할 시간! 심호흡을 한 번 크게 하고, 숙제하기. 깊이 생각하고, 고민한 다음, 더 깊이 생각하기.
요후 5:30부터 7:00까지	잠깐 쉬기! 놀기, 강아지 밥 주기, 친구랑 통화하기, 밥 먹기.
요후 7:00부터 8:00까지	남은 숙제 마저 끝내기.
요후 8:00부터 9:30까지	자유시간(숙제를 다 끝냈다면).
요후 9:30	잠자리에 들기. 아기처럼 곤히 잠자기. 내일 숙제를 다 해가서 선생님께 칭찬받는 기분 좋은 꿈꾸기.

    숙제를 도와줄 수 있는 사람을 찾아보세요. 친구나 부모님, 친척들에게 도움을 청하도록 해요. 혼자서 끙끙대면서 힘들어 하는 것보다 도움을 받을 수 있는 사람이 있으면 모르는 것도 잘 이해할 수 있을 거예요.

이렇게 해봐!

숙제를 하기 전에 간식을 먹는 것은 어떨까요? 숙제 전에 음식을 먹으면 숙제를 하는 동안 먹을 것을 떠올리지 않고 숙제에만 집중할 수 있을 거예요.

경고 공부를 하면서 연필 뒷꼭지를 씹는 행동은 이에 좋지 않아요. 나뭇조각을 삼켜서 목을 다칠 수도 있고 연필의 노란 껍질이 이 사이에 낄 수도 있어요.

   머리에 좋은 음식. 숙제를 하려면 머리가 잘 돌아가야 겠죠? 뇌가 활발하게 움직이기 위해서는 연료가 필요해요. 단백질과 탄수화물, 비타민이 풍부한 음식은 뇌가 움직이는 데 좋은 연료가 되죠. 기름기 많은 음식은 소화가 잘 안 되기 때문에 위장이 소화활동에 집중하느라 많은 피를 필요로 하게 되고, 정작 뇌에는 피가 부족해져서 자꾸 졸음이 오는 거랍니다.
   숙제하기 전에는 몸에 좋은 간식과 물, 주스, 우유가 좋아요. 톡 쏘는 청량음료에는 카페인이라는 성분이 들어 있어서 잠시 동안은 기분이 좋을지 몰라도, 시간이 지나면 더 피곤해진답니다.

숙제를 하기 전,
기운을 솟아나게 하는 간식들

- 땅콩버터를 바른 샌드위치
- 당근
- 시리얼(설탕 안 넣은 것)
- 과일
- 팝콘
- 요구르트

숙제를 하기 전,
먹으면 안 좋은 간식들

- 아이스크림 두 개
- 초콜릿 쿠키 한 주먹
- 햄버거와 감자튀김
- 먹다 남긴 사탕들
- 설탕을 듬뿍 넣은 시리얼
- 감자칩 한 봉지
- 카페인이 많이 든 음료수

숙제를 하기 전, 머릿속의 잡다한 생각을 깨끗이 없애버려요. 몇 초 동안 편안하고 깊게 숨을 쉬면서 마음을 어지럽히는 생각들을 떨쳐버리세요.

　쉬운 것들은 일단 뒤로 미루고, 제일 어려워 보이는 숙제를
골라서 가장 먼저 해보세요. 숙제는 하면 할수록 쉽게 느껴지
니까요.

숙제는 매일매일 한 장소에서만 하도록 하세요. 그러면 그 자리에 앉는 순간 자동적으로 숙제를 해야겠다는 생각이 들 거예요. 하루이틀 시간이 지날수록 이런 습관을 들이면 숙제를 하는 게 점점 재미있고 쉬워질 거예요.

이런 행동은 안 돼!

그렇지만 텔레비전을 보면서 숙제를 할 수는 없답니다. 전혀 말이 안 되는 소리에요! 텔레비전을 보면서 숙제를 하는 사람들은 '왔다갔다 고개'를 갖게 될 거예요. '왔다갔다 고개'가 무엇이냐 하면, 숙제를 하는 동안 집중하지 않고 책장을 마구 넘기면서 책이랑 텔레비전을 번갈아 보며 고개를 들었다 내렸다 하는 것을 말해요. 책을 보고 있으면 텔레비전에서 뭘 하는지 궁금하고, 텔레비전을 보면 앞에서 본 책 내용을 잊어버리고 또 뒤를 넘겨봐야 되지요?

이런 끔찍한 일은 나이가 들어서도 사라지지 않는답니다. 어른이 되어서 누군가와 뽀뽀를 할 때도 어렸을 때 '왔다갔다 고개'를 가졌던 사람은 뽀뽀에 집중하지 못하고 자꾸 다른 곳으로 고개를 돌리려고 하죠. 정말 황당한 일이에요!

　숙제를 할 때는 속도를 지키세요! 글씨를 쓸 때 무조건 빨리 쓰려고 하지 마세요. 숙제를 빨리 해치우려고 허둥대면, 마치 빠른 속도로 가던 자동차가 갑자기 방향을 잃고 빙글빙글 돌다가 장애물에 부딪히는 것 같은 상황에 빠질 수도 있어요. 아마 연필도 불꽃을 내면서 터져버리고 말 걸요.

숙제를 하는 동안 시끄러운 소리 때문에 집중할 수 없다면, 가족들에게 숙제를 하는 동안은 조용히 해달라고 부탁해보세요. 이렇게 말을 했는데도 여전히 떠드는 사람이 있으면 가족들이 다 모인 자리에서 이렇게 말하세요. "저는 열심히 공부하는 학생이라고요. 더 많이 배우기 위해 노력하고 있고, 이제 예전과는 다른 사람이 되고 싶어요. 그러니까 제발 좀 조용히 해주세요!"

　숙제를 하는 동안에 잠깐 쉬는 것도 도움이 돼요. 휴식시간 동안 머리를 맑게 하는 거죠.

　그런데 잠깐 쉰다는 말은, 정말 5분 정도 '**잠깐**' 휴식을 취하는 걸 말하는 거예요. 숙제를 하다 말고 3시간 동안 텔레비전을 보고, 친구랑 농구를 하다가, 빵을 먹고, 동네 개와 놀고, 집에 있는 만화책을 모조리 읽고, 컴퓨터 게임을 하라는 말이 절대 아니에요.

그리고 책상에 앉아서 코를 파거나 눈썹을 잡아당기지 마세요. 그러면 숙제에 집중할 수 없거든요.

숙제 활용하기

숙제는 때로 굉장히 좋은 거예요. 부모님께 뭔가 사달라고 조르고 싶을 때, 완벽하게 끝낸 숙제를 보여드리면서 부탁드리는 게 제일 좋거든요. 이 방법으로 정말 성공하고 싶다면 부모님께 부탁할 때마다 "저는 숙제를 다했거든요"라는 말을 덧붙여 보세요. 그 말을 할 때 목소리를 살짝 낮추면 더 효과적이지요. 예를 들어 "엄마, 새로 나온 만화책 사주세요. 저 숙제 다했거든요. 저기 길 건너 서점에서 파는 것을 봤어요. 저 정말 숙제 다했거든요. 서점까지 같이 가면 안 돼요? 왜냐하면 저…진짜로 숙제 다했거든요."

부모님은 여러분이 숙제를 다했다는 사실을 무척 좋아하신답니다. 부모님이 좋아하시면 여러분도 더 좋을 거고, 여러분이 행복하면 숙제도 더 잘할 수 있을 거예요.

　가끔 문제가 있어서 숙제를 하기 힘든 친구들도 있어요. 칠판에 써진 글씨를 잘 볼 수 없다는 등의 문제 때문에요. 만약 칠판의 글씨가 잘 보이지 않는다면 안경을 써야 할 거예요. 저도 어렸을 때 시력이 나빠서 도저히 숙제를 할 수 없었거든요. 그래서 결국 어머니가 저를 안과에 데리고 가셨어요. 안경을 쓰기 시작한 순간, 모든 것이 달라보였죠! 세상이 정말 잘 보였거든요!

수업시간에 발표를 하거나 활발하게 대답할수록 숙제하기가 더 쉬워져요. 수업을 열심히 들으면 선생님의 말씀을 더 잘 이해할 수 있으니까요.

　수업시간 중에는, 혼자 힘으로 생각해보는 습관을 길러보세요. 모르는 것이 생겼을 때 곰곰이 생각해보지 않고 계속 다른 친구들에게 물어본다면, 수업 내용을 이해하기도 힘들고 집에 와서 숙제를 하기도 힘들 거예요.

만약 수업시간에 스르륵 잠이 들어 버린다면, 뭘 배웠
는지 하나도 모르겠죠!

숙제만 생각하면 힘이 없고···

울적한 기분이 든다면 누군가의 도움이 필요하다는 뜻이에요. 부모님이나 선생님께 도움을 청하도록 하세요. 아마 숙제를 도와줄 특별지도 선생님을 소개시켜주실 거예요. 특별지도 선생님은 어려운 내용을 설명해주시고 어떻게 공부하는지 가르쳐주실 거예요. 특별지도를 받는다고 해서 미리 걱정하거나 무서워할 것 없어요.

다른 사람들의 도움을 받아 문제가 해결된다면, 그 다음부터
는 숙제를 훨씬 더 즐거운 기분으로 할 수 있을 거예요.

너무 괴로워서 아빠가 마시는 술이라도 마시고 싶다고요? 술을 마신다고 해서 숙제가 쉬워지는 것은 아니에요. 그냥 어지럽기만 하다니까요!

숙제 하는 게 무섭다고요!? 절대 **겁먹어서는 안 돼요.** 오히려 숙제가 여러분을 무서워해야죠! 왜냐하면 마음대로 숙제를 해치워버릴 수 있는 사람은 바로 여러분이니까요.

숙제란 것은 선생님들이 억지로 만들어 낸 것이 아니니까, 선생님을 미워하고 골탕 먹이려는 행동은 하지 마세요. 커다랗고 끈적끈적한 풍선껌을 질겅질겅 씹다가 선생님 의자에 붙여놓지 말라는 말이에요!

　숙제가 하기 싫다고 해서 선생님께 사과를 갖다드리면서 부탁할 수는 없어요. 그냥 사과가 아니라 집에서 만든 맛있는 사과파이라고 해도 소용없어요. 선생님께 선물을 드리면서 숙제를 내지 말라고 부탁하는 행동은 하지 마세요. 음, 그런 생각은 아예 하지도 마세요!

만약 숙제를 보기만 해도 토할 것 같은 기분이라면, 선생님께 이렇게 말씀드리세요. "선생님, 저는 이 숙제를 정말 못할 것 같아요. 도저히 무슨 뜻인지 모르겠어요. 숙제만 보면 어지럽고, 머리가 아프고, 망칠 것 같아 걱정돼요. 선생님, 정말 도와주세요."

　믿을지, 안 믿을지 몰라도 대부분의 선생님들은 여러분이 그런 말을 했다고 해서 야단 치거나 바보 같다고 생각하지 않으세요. 선생님께서는 꼭 가르쳐주신답니다. 어려울 때 학생들을 돕는 게 선생님들의 일이니까요.

아앗, 그건 안 돼요! 숙제를 변기에 빠뜨렸다고 말해도 그 말을 순순히 믿을 선생님은 없답니다.

그리고 강아지가 숙제를 먹어버렸다는 말을 해도 선생님은 믿지 않으실 거예요. 강아지가 숙제를 먹을 리 없으니까요! 만약 정말 강아지가 숙제를 삼켜버렸다면 분명 배탈이 날 거예요. 특히 과학숙제를 먹었다면요.

숙제를 하는 것을 좋은 습관이라고 생각하세요. 매일 이를 닦는 것처럼 말이에요. 몇 번만 해보면 숙제를 하고 있다는 것조차 깨닫지 못할 만큼 익숙해질 거예요.

나를 도와주는 나만의 친구!

책을 많이 읽으면 숙제를 쉽게 할 수 있어요. 책을 많이 읽을수록, 더 많은 것들을 알 수 있게 된답니다. 정말 놀라운 일이죠! 책을 읽다보면 자기가 점점 똑똑해지고 있다는 사실을 스스로도 느낄 수 있을 거예요. 마치 열쇠로 문을 열 듯, 독서를 하면 마음의 문이 열린답니다. 자동문처럼 스르륵 열려요!

무엇이든 많이 읽으세요. 고전, 명작소설, 시, 현대소설, 동화, 단편 모음집, 추리소설, 잡지, 신문, 유명한 사람들의 일기, 언니오빠의 일기(앗, 농담이에요!), 지도, 만화책, 길거리의 표지판, 광고 게시판, 과자봉지에 적힌 광고문구까지. 읽을 수 있는 것들은 수없이 많아요.

주말의 영화

　미리미리 숙제를 끝내 놓았을 때 좋은 점 중에 하나는, 친구들이나 가족들과 놀 수 있는 시간이 생긴다는 거예요. '아아, 빨리 숙제해야 하는데 어떡하지' 하는 초조한 마음 없이 말이에요. 열심히 숙제한 다음, 또 열심히 노는 거죠. 영화를 보거나, 야외로 소풍을 가거나, 외식을 하러 가거나, 자기 전까지 쭉 좋아하는 일을 할 수 있답니다.

조심! 숙제의 가장 큰 부작용! 숙제를 완벽하게 끝내면 여러분은 말로 할 수 없이 똑똑하고 지혜로워질지도 모른다는 거예요. 정말 멋진 부작용이죠?

숙제를 일찍 끝내버리면 속이 시원해지고, 동시에 보람도 느낄 수 있을 거예요. 자기 자신을 자랑스러워하세요. 열심히 노력해서 숙제를 잘 해버리면 맡은 일을 무사히 끝냈다는 뿌듯함과 자신에 대한 자부심을 느낄 수 있을 거예요. 세상에서 제일 기분 좋죠!

다시 한 번 정리!

• 매일 같은 장소에서 숙제를 하세요. 텔레비전을 끄고 조용한 곳을 찾아보도록 해요.

• 숙제를 하기 전, 식사를 하거나 간단한 간식을 먹어요.

• 제일 어려운 숙제부터 먼저 하세요.

• 필요하다면 숙제를 도와줄 수 있는 사람을 찾아보세요. 친구나 부모님께 도움을 요청하세요. 어항 속의 금붕어는 여러분의 숙제를 도와줄 수 없다는 사실을 명심하세요.

- 잘 모르는 게 있으면 선생님께 물어보세요. 단, 선생님이 학교에 계실 때 찾아가세요. 한밤중에 선생님께 급하게 전화해서 묻는 것은 별로 좋지 않아요.

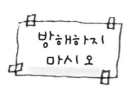

- 가족들에게 숙제를 하는 동안 떠들지 말아달라고 부탁하세요. 방문에 '방해하지 마시오' 라고 써놓는 것도 좋은 방법이지요. 이마에 써 붙여도 괜찮아요.

- 숙제를 하는 동안 중간중간 잠시 쉬세요. 일어나서 기지개를 하거나, 물을 마시거나 기운이 나는 간식을 먹거나, 10번 정도 팔짝팔짝 뛰어보세요. 지루한 기분을 날려버릴 수 있게 말이에요.

그건 핑계야

숙제를 하지 않으려는 5가지 핑계거리
– 그리고 핑계거리를 없애는 법!

1. "할 일이 많아서 도저히 숙제 할 시간이 없어!"
   그렇다면 시간을 만들어요. 이것만은 꼭 기억하세요. 숙제
   는 반드시 해야 하는 것이지, 할까 말까 선택할 수 있는 게
   아니에요!

2. "무슨 뜻인지 하나도 모르겠어."

그렇다면 수업이 끝나고 난 뒤 선생님께 도와달라고 부탁
하세요. 할 수 있는 부분은 스스로 하고, 막히는 부분만 질
문하면 돼요. 집에 돌아와서는 부모님이나 언니오빠에게
물어보세요. 절대 걱정하지 말구요!

3. "여태까지 한 번도 숙제를 다 해본 적이 없어요."

어떤 이유 때문이었는지 생각해보세요. 집중을 할 수 없었 나요? 몇몇 과목만 너무 어려웠어요? 선생님이나 부모님 께 시간을 관리할 수 있는 방법을 여쭤보세요.

4. "나는 항상 숙제가 너무너무 많아."

계획 세우는 습관을 들이세요. 언제 어떤 숙제를 해야 할
지 계획표를 만드는 것은 어떨까요? 달력을 펼쳐놓고 빨
리 해야 할 것들과 천천히 해도 되는 것들을 표시하세요.
절대 꾸물거리거나 미루지 마세요!

5. "학교에 책을 두고 왔어."

학교에서 집으로 돌아오기 전, 가방에 무엇이 들어 있는지 꼭 살펴보세요. 필요한 것들을 잘 챙겨 넣었나요? 필요한 것들을 잊어버리지 않도록 공책이나 사물함, 손바닥에라도 조그맣게 써 두세요.

숙제를 하면서 가장 좋은 것은 **숙제를 다 끝냈을 때의 상** **쾌한 기분**이에요!

최선을 다해서 열심히 숙제를 한다면, 언젠가는 여러분이 원하는 만큼 많은 것을 배우고 멋진 일을 할 수 있을 거예요!

PART 2 부글부글 나 지금 화났어!

부르르르~ 그르르르~ 화를 내고 싶지 않지만 이 세상에는 여러분들을 화나게 하는 일이 너무 많다고요? 그럼 그때마다 얼굴이 빨개진 채소리를 고래고래 지를 건가요? 여기, 친구 마음도 여러분의 마음도 상처 입히지 않으면서 화를 잘 내는 방법이 있습니다. 궁금하면 어서 읽어보세요.

이 책이 필요한 이유

모든 사람은 화를 낼 수 있어요. 살면서 한 번도 화내지 않은 사람은 아마 없을 거예요. 그러나 화를 내는 방식은 사람마다 다 달라요. 화가 나면 조개처럼 입을 꾹 다무는 사람이 있는가 하면, 소리를 버럭버럭 지르는 사람이 있고, 또 효과적으로 화를 조절하는 사람이 있는가 하면, 전혀 조절하지 못하는 사람도 있어요. 여러분은 어떤 식으로 화를 표현하나요? 여러분은 화를 잘 조절하는 사람인가요, 아니면 마음 내키는 대로 표현하는 사람인가요? 화를 있는 그대로 표현하는 사람들은 마치 '불을 뿜는 괴물' 같아 보이잖아요?

혹시 여러분도 이런 방식으로 화를 표현하곤 하나요?

- 머릿속으로 온갖 잔인한 상상을 한다.
- 고함을 치거나 비명을 지르거나, 누군가를 향해 소리친다.
- 이가 부득부득 갈린다.
- 주먹을 움켜쥔다.
- 속이 울렁거린다.
- 온몸에서 열이 난다.
- 물건을 발로 차거나 발을 동동 구른다.

화에 관한 몇 가지 좋은 소식과 나쁜 소식을 말해줄게요.

'화'에 대해 여러분이 꼭 알아야 할 게 있어요. 첫째, 화는 쉽게 사라지지 않아요. 아주 긴 시간 동안 여러분 마음속에 남아 있을지도 몰라요. 어떤 사람들은 어른이 돼서도 어린 시절 받았던 상처를 간직한 채 그것에 대해 화를 품고 있기도 해요. 오래전 일에 대한 분노를 계속 간직하고 있다면 얼마나 괴로울까요? 혹시 여러분도 그러고 있지 않나요? 아니라고요? 자, 그럼 이제 좋은 소식을 알려줄게요. 여러분에게는 화를 다스릴 수 있는 엄청난 능력이 있답니다. 이제부터 그 능력을 키울 수 있는 방법을 알아볼 거예요.

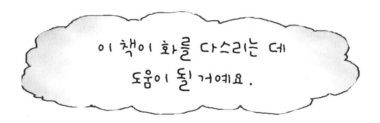

이 책이 화를 다스리는 데 도움이 될 거예요.

만약 여러분이 스스로 화를 다스릴 수 있다면, 생활이 훨씬 차분해지고 편안해질 거예요. 그 방법을 배우면 어디서든지 즐겁게 지낼 수 있고, 가족과 친구들에게 더 인정받을 수 있을 거예요. 지금보다 훨씬 건강한 사람이 될 거예요.

'화'에 대해 알아볼까?

여러분은 자신이 화가 났다는 것을 어떻게 알 수 있어요? 어떤 친구들은 화가 났을 때 이런 느낌이 든다고 해요.

화가 끓어오르는 소리라는 게 있다면 아마 이렇게 들렸을 거예요. '부글부글부글'

여러분은 얼마나 자주 화를 내나요? 여기, 하루 동안 얼마나 화를 냈는지 측정할 수 있는 온도계가 있다고 해봐요. 여러분의 온도계는 몇 도까지 올라갈 것 같아요? 하루에도 몇 번씩이나 최고 온도를 기록할 것 같지는 않나요?

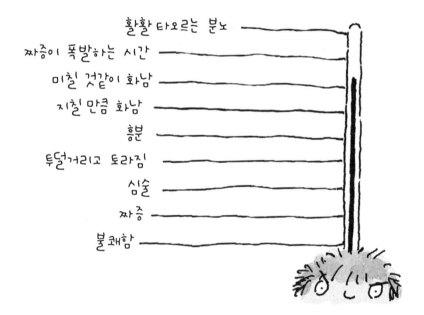

[분노 측정계]

활활 타오르는 분노
짜증이 폭발하는 시간
미칠 것같이 화남
지칠 만큼 화남
흥분
투덜거리고 토라짐
심술
짜증
불쾌함

　내 생각에 여러분은 화를 자주 낼 것 같지는 않아요. 맞나요? 아니면 진짜로 하루에 한 번씩 화를 내곤 하나요? 만약 여러분이 화를 잘 내지 않는다고 해도 화나게 하는 상황이 발생했을 때 어떻게 분노를 다스려야 할지 궁금할 거예요. 그 방법들은 뒤에 나오는 '화를 다스리는 5가지 단계'에 자세히 나와 있으니 그때 다시 보도록 하고, 지금은 화나게 하는 여러 가지 상황에 대해 알아보기로 해요.

주위 사람들이 여러분을 화나게 만들 수도 있어요. 그러면 여 간해선 화를 참을 수가 없지요. 만약 동생이 여러분 방을 어지 럽히고 나가버렸다면 어떤 기분이 들까요?

또는… 열심히 공부했는데 매일 놀기만 한 것 같은 친구가 더 좋은 성적을 받았다면?

또는… 여러분이 한창 신나게 얘기하고 있는데 갑자기 친구가 끼어든다면?

아니면… 교실로 들어가는데 누군가가 여러분의 어깨를 세게 치고 지나갔다면?

세상에는 일부러 상대방을 화나게 하는 사람들이 있어요. 그러나 그런 사람들은 흔치 않죠. 오히려 여러분은 친구가 장난으로 혹은 실수로, 아니면 별 문제 없을 거라 생각하며 했던 행동들 때문에 화를 내는 경우가 더 많을 거예요. 그렇기 때문에 친구들은 여러분이 왜 화를 내는지 그 이유조차 모르는 경우가 많을 거고요.

자, 지금 불같이 화났던 순간을 기억해보고 그때의 기분을 다시 떠올려보세요. 그때 기분이 어땠는지 말로 설명할 수 있나요?

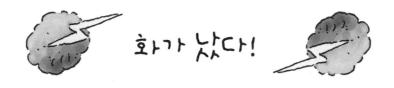

화난 표정을 지으면 실제로 화가 난다는 사실을 알고 있나요? 예전에 과학자들이 화에 대해서 실험을 했대요. 왼쪽에 서 있는 사람들에게는 화가 났던 기억을 떠올려보라고 하고, 오른쪽에 서 있는 사람들에게는 단지 화난 표정만 지어보라고 했다지요. 그런데 결과를 보니 그 두 집단 모두 실제로 화를 내고 있더라는 거예요. 심장은 빠르게 뛰고, 몸의 온도는 높아지고….

화를 내는 표정,
화를 나게 하는 생각들
화를 돋우는 말들은
실제로 여러분을 더 화나게 합니다.

이 책을 읽는 것 자체가 여러분을 화나게 하나요? 그렇다면 그 화를 없애기 위해서 지금 무엇을 해야 할까요? 당장 책을 집 어던져 버려야 할까요? 다음 장에 바로 그 해답이 있으니 어서 찾아보세요.

긴급상황! 분노를 빠르게 없애는 방법

때때로, 여러분도 분노가 끓어오르는 것을 경험해봤을 거예요. 그럴 때는 어떻게 행동해야 할까요? 여러분은 무엇을 할 수 있을까요?

몸을 움직여라!

마음에서 생긴 분노는 밖으로 표현해야 해요. 공원으로 나가 달리기를 해보세요. 농구를 하거나 개와 함께 산책을 하는 것도 좋아요. 축구 연습을 하거나, 스케이트보드를 타거나, 자전거를 타보세요. 간단하게 집에서 팔굽혀펴기나 윗몸일으키기를 해볼 수도 있죠.

화를 가라앉히기 위해 집에서 할 수 있는 일은 없냐고요? 좋아하는 음악에 맞춰 춤을 추는 것은 어떨까요? 뜀뛰기는요? 에너지를 소비하는 활동적인 일, 무엇보다 즐겁게 할 수 있는 일을 찾으세요. 그러면 마음이 안정되고 화를 다스릴 수 있게 될 거예요.

아무리 화났다 하더라도 문을 차거나 신문지를 찢는 폭력적인 행동은 하지 마세요. 레슬링이나 권투처럼 공격적인 운동도 하지 말아요. 공격적인 행동을 하는 것은 결국 화를 더 일으킬 뿐이니까요.

손으로 할 수 있는 일을 하세요!

손을 이용해서 할 수 있는 활동들도 있어요. 아주 간단한 것들이지요. 베개를 비틀어 짜거나 공을 던지거나 진흙을 두드리거나 다듬으면서 화를 가라앉히는 거지요. 아니면 화를 동그란 공이라고 상상하는 거예요. 그러고는 그것을 오른손에서 왼손으로, 왼손에서 오른손으로 계속 번갈아가면서 옮기는 거예요. 이 행동을 마음이 가라앉을 때까지 해보세요.

말을 하세요!

여러분의 말에 귀 기울여주는 사람을 찾아보세요. 중간에 말을 가로채지 않고 조용히 들어줄 수 있는 사람을 찾는 거예요. 자신의 상태와 문제를 얘기하는 것만으로도 마음이 많이 진정된답니다.

비명을 지르고 싶을 만큼 화가 났다면, 참지 말고 소리를 지르세요. 밖으로 나가서 크게 소리치세요. 실제로 이렇게 하면 화가 많이 가라앉는답니다.

자신에게 "넌 똑똑한 사람이야"라고 말하세요!

스스로에게 좋은 말을 해줌으로써 마음을 안정시키고 상황을 긍정적으로 만들어보세요. 물론 여러분은 이렇게 생각할지도 모르지요. "정말 이제 더 이상은 참을 수 없어!" 그런 생각이 머릿속에 꽉 들어 차 있어도 "난 침착할 거야." 또는 "난 화내는 대신 다른 사람에게 조언을 구할 거야"라고 말해보세요. 자신에게 말을 걸면서 부정적인 감정을 긍정적으로 바꾸도록 노력해보세요.

심호흡을 하세요!

심호흡을 하면 마음을 안정시키는 데 큰 도움이 돼요. 화가 치밀어 오르면 깊게 심호흡을 하면서 숫자를 세어보세요!

1-2-3-4-5

상쾌한 공기를 힘껏 들이마신 다음, 다시 숨을 천천히 내뱉으면서 이렇게 숫자를 세어보세요!

5-4-3-2-1

마음이 편안해질 때까지 위 과정을 반복해보세요.

분노로부터 편안해지는 법 – 숨쉬기

이 운동은 따라 하기가 매우 쉬워요. 일단 아래 10가지 지침을 모두 읽은 후, 따라 해보세요.

1. 방해받지 않을 조용한 장소를 찾으세요.(공원과 같은 야외도 괜찮아요. 상쾌한 공기 때문에 기분이 더 좋아질 테니까요.)

2. 편안하게 잔디에(또는 마루바닥에) 누우세요.

3. 눈을 감되, 잠들지는 마세요.

4. 심호흡을 하세요. 숨을 들이마시는 것과 내쉬는 것에 온 정신을 집중시키세요. 숨을 들이마실 때는 1~5까지 세고 숨을 내쉴 때는 숫자를 거꾸로 세보세요. 이것을 계속 반복하세요.

5. 어느 정도 마음이 안정되었으면, 이제는 심호흡을 하면서 편안하게 느껴지는 단어들을 머릿속에 떠올려보세요.

99

6. 심호흡을 하면서 머리끝에서 발끝까지 온몸의 힘을 천천히 푸세요. 숨을 들이마실 때는 근육을 긴장시키고, 숨을 내쉬면서는 몸에서 힘을 쭉 빼세요.

7. 이마, 어깨, 팔, 손, 다리, 발 이렇게 차례대로 따라 내려가면서 이 과정을 천천히 반복하세요. 신체의 각 부분에 정신을 집중하면서 근육을 긴장시키고 푸는 과정을 반복하는 거예요.

8. 위 과정이 끝났으면 심호흡을 하면서 잠시 휴식을 취하세요.

9. 그런 다음 서서히 눈을 떠보세요. 충분한 휴식을 취했으니, 기분이 한결 나아질 거예요.

10. 그 기분을 만끽하세요!

화의 여러 가지 얼굴

　어떤 아이들은 자신이 화났다는 사실을 모든 사람에게 알리고 싶어 해요. 그래서 고함을 지르고 소리를 꽥꽥 질러대죠. 방방 뛰면서 문을 발로 차기도 해요. 불만이 가득 찬 얼굴로 사람들을 노려보기도 하고요.

어떤 아이들은 화를 풀기 위해 남들을 괴롭히기도 해요. 자신보다 약하고 작은 아이들을 골라서 괴롭히는 거죠. 아주 비열한 방법으로 다른 아이들을 못살게 굽니다. 약한 아이들을 때리고, 차고, 두들겨 패거나, 욕하고, 기분 나쁜 별명으로 불러요. 그러나 자신의 화를 풀기 위해 남을 괴롭히는 것은 정말 못된 짓이에요.

푸르르~

어떤 아이들은 자기가 화났다는 것을 알리기 위해 조금 더 교묘한 방법을 사용해요. 남을 욕하거나 때리는 대신, 갑자기 쌀쌀맞게 말한다거나 남의 말을 무시하는 식으로 자신의 분노를 드러내죠. 그러나 그 방식들은 겉으로 잘 드러나지 않기 때문에 선생님이나 부모님은 지금 저 아이가 화를 내고 있는지, 화가 났다면 무엇 때문에 화가 난 것인지 잘 알아채지 못합니다.

- 상대방을 무시하는 듯한 눈으로 쳐다보기
- 뒤에서 남 험담하기
- 상대방을 철저하게 무시하기
- 비밀 퍼뜨리기
- 집단으로 왕따시키기
- 말 안 하기

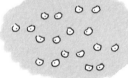

잘 보세요. 저런 행동들이 좋아 보이나요?

이렇게 자신의 감정을 드러내지 않고 조용히 상대방을 괴롭히기 위해서는 신경을 많이 써야 해요. 그렇기 때문에 나중에는 스스로 피곤해져 버리죠. 또 오랫동안 말을 안 하거나 친구를 무시하고 나면 나중에는 자신이 무엇 때문에 화를 냈는지조차 잊어버리게 돼요.

자신이 화났다는 사실을 숨기려고 하는 아이들도 있어요. 혼자서 화를 억누르려고 하죠. 그러나 화를 무조건 참으려고만 하면 그것은 계속 여러분을 따라다닐

거예요. 여러분 중에 혹시 평생 동안 화내면서 살고 싶은 사람이 있나요? 생각해보세요. 공을 아무리 물속으로 밀어 넣어도 결국은 다시 튀어나오잖아요. 화도 똑같아요. 아무리 감추려해도, 결국 언젠가는 폭발하고 말 거예요.

대부분의 사람들이 아주 사소한 일로 화를 내곤 해요. 스스로
에게 화를 낼 때도 있어요. 순간적으로 말실수를 했거나, 시험
을 엉망으로 봤거나, 경기에서 지거나, 숙제를 잊어버렸거나
하면 자신에게 화를 내게 되죠.

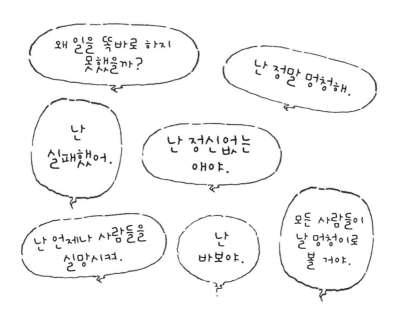

제발 자신을 욕하지 마세요. 그럴수록 더욱 비참해질 뿐이에
요. 물론 그런 과정을 통해서 실수를 인정하고, 다음번엔 더 잘
해야겠다고 다짐할 수는 있어요. 그러나 그럴 때도 이것 한 가
지만은 꼭 기억해야 해요. 여러분은 스스로 욕을 할 만큼 나쁜
사람이 아니라는 것을요.

모든 사람은 실수를 하게 마련이에요. 자신을 욕하는 것은 문제를 해결하는 데 결코 도움이 되지 않아요.

물론 화를 내는 게 나쁜 것은 아니에요. 이 세상에 화 안 내고 사는 사람은 아무도 없어요. 화는 인간의 본성 중 하나기 때문에 어쩔 수 없지요. 다른 사람 때문에 화가 나기도 하고, 자신 때문에 화가 나기도 하고, 주변 환경 때문에 화가 나기도 하죠.

하지만 만약…

- 다른 사람에게 너무나 쉽게 화를 낸다면,
- 화가 났을 때 물건을 부순다면,
- 여러분의 분노로 인해 다른 사람이 상처를 입는다면,
- 대부분의 시간을 자신을 욕하면서 보낸다면,
- 심술궂고 괴팍한 행동을 하면서 시간을 보낸다면,

여러분은 화를 다스릴 필요가 있어요.

불같은 성품은 저절로 차분해지지 않아요.

화 다스리기 도우미

때때로 분노는 사람의 인생을 바꿉니다. 만약 여러분이 하루 종일 화가 나 있거나 풀이 죽어 있다면, 다른 사람에게 해를 입히는 상상만 한다면, 다른 사람이 여러분을 해칠까봐 하루 종일 두려움에 떨면서 보낸다면 어떻게 해야 할까요? 즉시 도움을 구해야 합니다!

- 믿고 의지할만한 **어른과** 이야기합니다.

- **청소년보호 종합 지원센터**에 전화합니다.

- **국번 없이** 1388로 전화합니다.

여러분을 도와줄 수 있는 어른들

여러분을 기꺼이 도와줄 수 있는 사람들은…

- ⇨ 부모님
- ⇨ 할아버지, 할머니
- ⇨ 이모와 삼촌
- ⇨ 선생님
- ⇨ 상담전문 선생님
- ⇨ 목사님
- ⇨ 교장선생님
- ⇨ 의사
- ⇨ 경찰아저씨

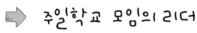 주일학교 모임의 리더

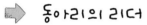 동아리의 리더

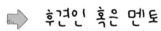 후견인 혹은 멘토

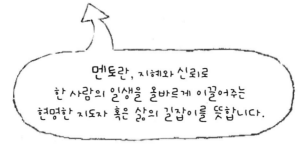

멘토란, 지혜와 신뢰로 한 사람의 일생을 올바르게 이끌어주는 현명한 지도자 혹은 삶의 길잡이를 뜻합니다.

다음의 내용을 꼭 기억해야 해요.

1. 여러분이 진정으로 믿을 수 있는 사람을 찾으세요.
2. 자신의 말에 귀 기울여줄 수 있는 사람을 찾으세요. **포기 하지 말고요.**

화났을 때 하는 이상한 행동들

화가 났을 때는 아무것도 눈에 보이지 않지요? 화가 나면 앞 뒤 생각하지 않고 무조건 일을 저지르는 아이들이 있어요. 바로 다음에 나오는 친구들처럼 말이에요.

부모님만 보면 화를 내는 아이가 있었어요. 그 애는 부모님 모르게 매일 나쁜 짓을 했는데, 한 번은 가족사진을 찢은 다음 다시 액자 안에 넣기도 했죠. 카펫에 포도를 내동댕이친 후, 발로 짓이긴 적도 있었어요. 물론 그 아이가 그런 행동을 할수록 부모님은 더욱 더 아이를 야단쳤죠. 결국 화가 또 다른 화를 부른 셈이에요.

어떤 남매는 틈만 나면 싸움을 하곤 했어요. 아주 사소한 것들로요. 누가 먼저 게임을 할지, 자동차 앞좌석엔 누가 앉을지…, 그런 것들로요. 그런데 어느 날 오빠는 자기가 아끼는 장난감을 여동생이 다른 친구에게 줘버린 것을 알게 됐어요. 그래서 오빠는 그때부터 여동생의 장난감을 훔치기 시작했어요. 당연히 남매사이는 점점 더 안 좋아지게 됐고요.

내 인형 본 사람 없어요?

어떤 여자아이는 화났을 때마다 방문을 "쾅" 소리가 나도록
닫고 자기 방으로 쏙 들어가 버렸어요. 부모님이 아무리 바로
잡아주려고 해도 아이는 도무지 말을 듣지 않았어요. 그래서
결국 부모님은 딸의 방문을 없애버렸지요. 그러면서 스스로 화
를 다스릴 수 있을 때까지 방문을 달아주지 않을 거라고 말했
어요. 그래서 그 애는 매일 아침 문 없는 방에서 옷을 갈아입어
야 했지요.

운동을 정말 좋아하는 소년이 있었어요. 가장 좋아하는 건 축구였지요. 하지만 그 소년에게는 안 좋은 버릇이 있었어요. 시합에 나가기만 하면 너무 쉽게 흥분하는 거예요. 그 아이는 팀의 주장이었고, 친구들이 실수할 때마다 고함을 쳤어요. 그런 행동 때문에 친구들은 그를 싫어했고, 그때마다 소년은 또 화를 냈어요. 공을 있는 힘껏 바닥에 내동댕이치고 친구들에게 욕을 하기도 했죠. 결국, 소년의 아버지는 소년이 보다 상냥한 사람이 되기 전까지는 축구를 하지 못하도록 했어요. 소년의 아버지는 운동은 정정당당한 경기며, 거칠게 행동하는 것은 진정한 운동의 정신이 아니라는 것을 가르쳐주고 싶었던 거예요.

사람은 누구나 화를 낼 수 있고, 화가 나는 상황은 너무나 많
아요. 하지만 화났다고 해서 무례하거나 비열한 짓을 해도 된
다는 말은 절대 아니에요.

- 문을 세게 닫아서 벽에 걸려 있던 액자가
  떨어졌다.
- 선생님을 보고 "웃기시네"라고 말했다.
- 화가 날 때마다 다른 사람을 욕
  했다.
- 동생을 땅 바닥에 눕혀 놓고
  머리를 잡아당겼다.
- 친구의 우유에 몰래 소금을 뿌렸다.

또는

- 쪽지에 욕을 써서 나를 화나게 한 사람에게 보냈다.

 남는 것은 후회뿐이죠.

아마 여러분도 화난 상태에서 어떤 일을 저질러놓고 나중에서야 후회한 적이 있을 거예요. 벌컥 화를 내고 곧바로 후회했던 적도 있었을 거예요. 다른 친구의 마음을 상하게 해본 적도 있었을 테고, 다른 아이의 물건을 망가뜨린 적도 있었을 거예요. 자신의 물건을 부순 적도 있었겠죠.

화가 난 상태에서 어떤 행동을 하는 것은 문제를 더 크게 만들 뿐이에요. 문제를 해결하기 위해서는 화를 다스릴 줄도 알아야 지요. 그리고 화를 냈다면 곧바로 사과할 줄도 알아야 하고요. 사과를 하고 싶은데 용기가 안 난다고요? 그럴 때는 이렇게 얘기하면 돼요. "정말 미안했어. 용서해주겠니?" 그럼 여러분의 기분도, 친구의 기분도 좋아질 거예요.

만약 친구와 얼굴을 마주치는 게 부끄럽고 부담스럽다면 미안하다는 내용이 담긴 편지를 쓸 수도 있어요. 이메일을 사용할 수도 있고요.

화를 다스리는 5가지 단계

화를 낸다는 것은 그만큼 힘이 넘친다는 소리기도 해요. 화를 내려면 꽤 많은 에너지가 필요하거든요. 그러니 이제부터는 여러분의 넘치는 에너지를 화내는 것에 쓰지 말고 좀더 긍정적으로 사용해보는 게 어때요? 어떻게 하면 그 에너지들을 긍정적으로 사용할 수 있을까요?

일단 불같은 성격을 누그러뜨리는 일부터 시작해야 해요.
그러기 위해서는 화의 크기를 줄일 수 있는 힘을 키워야 하죠.

● 무엇을 어떻게 해야 하냐고요? ●

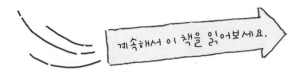

계속해서 이 책을 읽어보세요.

먼저 끓어오르는 열을 가라앉히고 마음을 안정시켜야 해요. 그렇게 한다면 아주 쉽게 화를 다스릴 수 있을 거예요. 열을 식히는 지침은 다음에 나온답니다.

화를 가라앉히는 경험을 한 번만 하게 되면, 불같은 성격을 쉽게 고칠 수 있을 거예요. 다음에 나오는 5가지 단계를 따라 해보세요.

1 단계 : 화나게 하는 것 알아보기

무엇이 여러분을 화나게 만드는지 알고 있나요? 어쩌면 이유가 너무 많을지도 모르겠네요. 이제부터는 그런 것들을 '화냄 버튼' 이라고 부르기로 해요. 그 버튼이 눌러지는 순간, 여러분은 화가 치솟는 것을 느낄 거예요. 끓어오르는 화를 참기가 힘들겠죠. 아마 여러분을 화나게 하는 '화냄 버튼' 에는 다음과 같은 것들이 있을 거예요.

117

- 물건을 훔치거나 망가뜨리는 사람
- 공정하지 않은 일
- 친구를 놀리거나 괴롭히는 사람
- 듣기 싫다고 한 이야기를 계속하는 사람
- 자기들만 재미있어 하면서 짓궂은 행동을 계속하는 사람
- 게임이나 놀이 중에 갑자기 가 버리는 사람
- 다른 사람들을 속이고 조롱하는 사람
- 모든 것을 자기 마음대로 하려 하는 사람
- 친구를 심하게 비판하는 사람
- 인종, 종교, 외모, 사람의 능력을 가지고 비난하는 사람

위의 예들을 참고삼아 여러분의 '화냄 버튼' 이 무엇인지 한 번 알아보세요. 목록을 작성해보는 것도 필요해요. 그리고 만약 그 목록에 적혀 있는 일들이 실제로 일어나서 여러분의 화가 치솟기 시작한다면 그 즉시 깊은 심호흡을 하면서 마음을 가라앉히세요. 화를 다스리게 되면 문제는 더욱 쉽게 풀려요.

2 단계 : 몸이 알려주는 '위험 신호'에 귀 기울이기

만약 조금만 집중해서 몸의 상태를 관찰해봤다면, 화가 났을 때 몸이 어떻게 반응하는지 알고 있을 거예요.

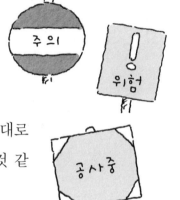

- 몸이 뜨거워진다.
- 몸이 떨린다.
- 차분히 생각할 수가 없다.
- 머리와 위가 아파오기 시작한다.
- 갑자기 신경이 예민해지거나 반대로 무기력해진다. 아니면 폭발할 것 같은 상태가 된다.
- 소리치거나 운다.
- 자신도 모르게 주먹을 꽉 쥔다.

이런 반응을 보인 다음 대부분의 사람들은 벌컥 화를 내곤 해요. 그러니 평소에 몸의 신호를 익혀서 그런 신호가 나타났을 때는 잠시 생각하는 시간을 가지세요. 몸의 신호는 현재의 몸과 마음 상태를 완벽하게 보여주는 것이기 때문에 절대로 소홀히 해서는 안 돼요.

3단계 : 일단 멈추고 생각하기

화는 교활한 감정이에요. 왜냐하면 화는 종종 다른 감정들을 숨기기 위한 도구로 쓰이거든요. 즉 진짜 감정을 숨기기 위해 사람들은 화를 내곤 하죠. 보통 다음과 같은 감정을 숨기기 위해서요.

- 짜증 • 공포
- 슬픔 • 부끄러움
- 실망 • 질투 • 죄책감

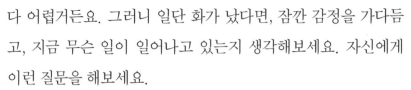

왜 이런 일이 일어나는 걸까요?
왜냐하면 실망이나 질투, 자기에 대한 부끄러움을 인정하는 것보다 그냥 화를 내는 게 더 쉽기 때문이에요. 화 이외의 감정들을 정직하게 드러내는 것은 생각보다 어렵거든요. 그러니 일단 화가 났다면, 잠깐 감정을 가다듬고, 지금 무슨 일이 일어나고 있는지 생각해보세요. 자신에게 이런 질문을 해보세요.

예를 한번 들어볼까요. 여러분의 친구가 반장이 됐고, 덕분에
그 친구는 아이들의 인기를 한몸에 받게 되었어요. 여러분도
친구의 선거활동을 열심히 도왔고, 친구가 반장이 돼서 무척
기뻤어요. 그러나 자신이 했던 일들은 아무도 알아주지 않는
것 같아 서운하기도 했죠. 그래서 다른 아이들이 친구에게 "반
장된 것 너무 축하해!"라고 말할 때마다 사실 너무 화가 났어
요. 도대체 왜 그럴까요?

아마도 여러분은 친구의 성공을 보고 질투를 느꼈을 거예요.
아무리 그 친구가 당선돼서 기쁠지라도 말이에요. 바로 질투라
는 감정이 여러분을 화나게 하고, 친구에게 쌀쌀맞게 대하도록
한 진짜 이유에요. 그렇다면 그 일이 일어났을 때 더 훌륭하게
대처할 수는 없었을까요?

또 다른 예를 들어볼게요.

매일 남동생을 괴롭히는 한 친구가 있었어요. 동생이 잘못을 하지 않았는데도 때리고 괴롭혔죠. 그 친구는 왜 자꾸 동생을 괴롭혔을까요? 여러 가지 이유가 있겠지만 그 이유 중 하나는 바로 이런 거였을지도 몰라요. 동생을 괴롭히면서 '난 이 애보다 더 힘세고 강한 사람이야' 라고 생각했던 거죠. 또는 그냥 단순히 기분이 상해서 동생을 괴롭혔을 수도 있고요.

이런 질문에 스스로 답해보면 자신의 느낌에 대해서도 더 잘 이해할 수 있게 될 거예요. 이런 태도는 다른 사람을 상담할 때도 많은 도움이 돼요. 어쨌든 화가 치밀어 오를 때 벌컥 화내지 않고, 잠깐이라도 상황을 분석한다는 것은 정말 놀라운 일이에요.

● 물론 순간적으로 화가 날 수도 있죠. ●

여러분의 비디오 게임기를 동생이 일부러 망가뜨렸다면 화내지 않을 사람이 누가 있을까요? 또는 비 때문에 기다렸던 축구 경기가 취소됐다면? 이럴 때 화가 나는 것은 아주 자연스러워요. 그러나 화를 내기 전에 위의 두 가지 질문을 스스로에게 해보세요. 이러한 자세를 갖춘다면 다음 단계로 넘어가기가 훨씬 쉬워질 거예요.

여기서 멈추면 안돼요.
다음 단계가 더
중요합니다.

4단계 : 화를 우리 안에 가두기!

화는 매우 강렬한 감정입니다. 그러나 여러분이 더 강하다는 것을 기억해야 돼요. 여러분은 화를 어떻게 다룰 것이지 선택할 수 있어요. 강한 사람만이 올바른 선택을 할 수 있는 거죠.

화가 다가온다 하더라도, 맹렬하게 공격하지는 마세요. 여러분을 화나게 하는 게 무엇이든, 누구든 간에 일단 마음을 가라앉히는 게 중요합니다. 선생님, 부모님 또는 다른 어른을 상담자로 삼았다면, 처음엔 이렇게 이야기하세요. "저는 냉정을 되찾을 시간이 필요해요." 또는 "마음을 안정시킬 시간이 약간 필요해요"라고 말이에요. 만약 친한 친구에게 이야기할 거면

 대화를 하기 전에 잠시 동안 아무 얘기도 하지 않고 조용히 심호흡을 하세요. 찬물로 세수를 해도 좋아요. 차가운 물을 한 잔 마시는 것도 좋습니다.

● 심호흡하는 것을 잊지 마세요! ●

짧은 심호흡은 화를 가라앉혀주고 생각할 여유를 주지요. 심호흡을 하면서 이런 말을 되새겨보세요.

"난 화를 다스릴 수 있어."

만약 진정으로 편안해지길 원한다면, 99~100페이지에 있는 지침들을 따라 해보세요.

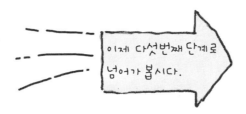

이제 다섯번째 단계로 넘어가 봅시다.

5단계 : 무엇을 할지 결정하기

　마음이 가라앉았다면 이제는 여러분을 화나게 하는 것들을 어떻게 처리할지 고민해야 해요. 드디어 직접 행동을 할 때가 온 거예요. 그렇다고 화나게 한 사람을 때리거나 그 사람에게 욕을 하지는 말아요. 좋은 방식으로 문제를 풀어야 결과도 좋은 법이에요. 올바른 선택을 해야 여러분의 마음을 괴롭혔던 분노도 빨리 사라집니다.

분노를 푸는 가장 좋은 방법은 대화에요. 화가 나면 여러분은 상대방에게 고함을 지르고 싶어질 거예요. 아무 말도 하기 싫어지겠죠. 그렇지만 그럴수록 입을 열어서 대화를 시도해야 해요. 상대방에게 지금 여러분이 느끼는 감정에 대해 얘기하세요. 아니면 믿을 수 있는 어른들에게 얘기하세요. 일단 자신의 감정을 얘기하고 나면 사람들은 기꺼이 여러분을 도와주려 할 거예요. 사람들에게 조언을 구하세요. '내 편을 들어줘'라고 하는 대신 어려운 상황을 올바른 방식으로 푸는 것을 도와달라고 말하세요. 자신을 화나게 만드는 것에 대해 입을 열고 말하세요. 그렇게 하면 화가 조금은 가라앉을 거예요. 말하는 방식은 지금부터 알아볼 거예요.

127

차분하게 대화하기

누군가 욕을 하면 당연히 화가 나겠죠? 그러나 화가 났다고 소리 지르지 말고 일단 여러분의 기분이 어떤가를 얘기해주세요. "난 네가 그렇게 말하는 게 싫어. 나는 존경받을 가치가 있는 사람이니까." 누군가가 여러분만 따돌리나요? 그때는 이렇게 말해보세요. "이건 불공평해. 왜 나한테만 이렇게 하는지 말해줄래?"

감정 표현하기

많은 사람들이 화를 가라앉히고 싶을 때 글을 쓴답니다. 자신이 지금 어떤 기분인지, 왜 그렇게 기분이 나쁜지, 기분이 나빠서 무슨 행동을 했는지 글로 쓰다보면 어느덧 분노가 사라지고 기분이 좋아지거든요. 예쁜 일기장이나 수첩을 사용해보세요. 또는 지금 느낌을 시나 노래로 만들어서 표현할 수도 있어요.

혹은 그림을 그리거나 다른 활동을 하면서 기분을 바꿀 수도 있을 거예요. 무언가를 만들거나, 악기를 연주하면서 말이에요.

Tip 옆페이지에 나와 있는 지침들은 화를 누그러뜨리기 위한 좋은 방법들이에요. 이것을 복사해서 주머니나 가방에 넣고 다니세요. 몇 장을 더 복사해서 책상 앞이나 거울에도 붙여두고요. 화가 났을 때 여러분을 지켜줄 거예요.

화를 다스리는 5가지 단계 요약

1. 여러분을 **화나게 하는 것** 알아보기

2. 몸이 알려주는 **'위험 신호'**에 귀 기울이기!

3. **일단 멈추고 생각**하기!

4. **화를 우리 안에 가두기!**

5. 무엇을 할지 **결정**하기!

단어의 힘

기분을 표현해주는 단어들을 알고 있으면 감정을 다스리는 데 큰 도움이 돼요. 아래에 화와 관련된 몇 가지 단어들이 나와 있네요. 여러분들은 다른 단어를 알고 있을 수도 있겠네요.

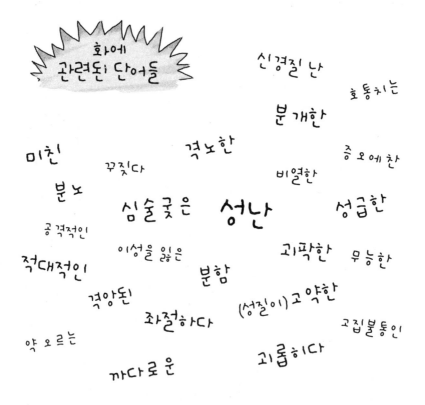

화에 관련된 단어들

신경질 난
호통치는
분개한
격노한
증오에 찬
미친
꾸짖다
비열한
분노
심술궂은   성난   성급한
공격적인
이성을 잃은
괴팍한   무능한
적대적인
분함
격앙된
(성질이)고약한
좌절하다
고집불통인
약오르는
괴롭히다
까다로운

이번에는 긍정적인 단어들이 나와 있네요. 이 단어들은 여러분의 기분을 좋게 바꿔주는 데 도움이 될 거예요. '화났을 때도 난 이런 기분이 들었으면 좋겠어.' '난 아무리 화가 나도 이런 상태를 유지할 수 있어' 라는 다짐을 할 때 이 단어들을 떠올려 보세요.

긍정적인 단어들

만족하여   안전한   당당한

결단력 있는   두뇌가 명석한

자신만만한   유능한   강력한   확신하는

강인한

낙관적인   행복한   열의 있는

평화로운   침착한   신중한   편안한

확실한   긍정적인   사려 깊은   유능한

욕 금지

학교나 집에서 욕을 들을 기회가 많나요? 사람들은 화가 나면 욕을 해요. 심지어 화나지 않았을 때도 일상적으로 욕을 하는 사람들도 있어요. 그러나 욕은 사람

131

들을 당황하게 하고 상처를 줄 수도 있어요. 더군다나 욕은 상대방까지도 화나게 만든답니다. 그러니 화났을 때는 욕을 하지 말고 우리가 앞에서 알아본 '화와 관련된 단어' 들을 사용해서 말해보세요.

누군가에게 화가 났다면, 여러분들은 그것에 대해서 이야기해야 합니다. 그렇지 않으면 시간이 지날수록 싸움은 점점 더 커질 거예요.

그러나 화가 머리 끝까지 나 있는 상태라면, 침착하게 대화하기가 쉽지 않을 거예요. 그래서 여러분은 그냥 소리 지르며 싸우거나 아예 상대방을 무시하는 길을 선택할지도 몰라요.

하지만 그렇게 해서는 절대로 문제를 해결할 수가 없어요! 얼굴을 마주보고 서로 이야기하는 게 화를 가라앉히는 가장 효과적인 방법이랍니다.

정말 유용한 '나-메시지'

여러분은 '나-메시지'를 통해 지금 무슨 일이 일어나고 있는지 이야기할 수 있습니다. '나-메시지'는 상대방에 대해 화가 났을 때 특히 많은 도움을 줍니다. 즉 상대방을 욕하지 않고도 자신이 하고 싶은 말을 할 수 있도록 해주거든요. 아마도 속에서는 상대방을 욕하고 싶은 마음이 솟아오를 거예요. 하지만 상대방을 욕하다보면 싸움만 더 커질 뿐이에요.

그럴 때는 '나-메시지'를 사용해보세요. 차분하게 대화할 수 있도록, 상대방을 존경할 수 있도록 도와줄 거예요. 다음은 '나-메시지'에 대한 예입니다.

여러분의 기분을 이야기할 때, '나'라는 단어를 사용하세요. 이렇게…

이제 **무엇이** 여러분의 기분을 나쁘게 했는지에 대해 얘기하세요.

왜 화가 나게 됐는지도 말하세요.

이제 문제를 **해결하기 위해** 여러분이 무엇을 원하는지 말하세요.

몇 개의 '나 – 메시지'를 더 살펴볼까요?

수진아, 난 너한테 화가 났어. 네가 체육관에서 날
우습게 만들었기 때문이야. 난 항상 너를 내 진정한 친구라고
생각했는데, 너 도대체 나한테 왜 그런 거니? 진짜 알고 싶어서
물어보는 거야. 네가 그 이유를 알려주고 다시는 그러지 않겠다고
해야 다시 널 믿을 수 있을 거 같아.

지난 밤 네가 전화기를 독차지해서 난 무척 기분이 상했어.
그건 공평하지 않은 거야. 나도 친구랑 통화해야 돼.
우리 전화 사용시간을 다시 조정해보자.

엄마, 지난 토요일에 난 무척 짜증이 났어요.
토요일인데도 동생을 돌봐야 했잖아요.
친구들과 놀고 싶었는데. 그래서 엄마, 다음주 토요일에는
자유시간을 가지고 싶어요.

'나 – 메시지'를 사용해서, 편지를 쓸 수도 있어요.

재희에게

너와 지영이가 날 욕하고 다닌다는
말을 들었어. 난 너무 슬펐어. 왜냐
면 뒤에서 욕하는 건 정말 비열한
행동이거든. 만약 네가 사과를 한다
면 내 기분도 좀 풀릴 거 같아.

— 미정

'나 – 메시지'를 잘 사용하기 위해서는 연습을 해야 합니다. 여러분의 감정을 정확히 이야기하고 무엇이 필요한지 확실히 요구하는 일은 어렵거든요. '나 – 메시지' 따위는 사용하기 싫다고요? 오, 그러지 말아요. 한 번만 '나 – 메시지'를 사용해본다면 이 방법이 얼마나 효과적인지 알게 될 거예요. '나 – 메시지'를 쓰면 더 당당해지고 자신감이 넘치게 돼요. 다른 사람들의 마음을 움직이고 설득할 수도 있게 된답니다.

말은 매우 강력한 도구에요. 말은 사람을 도울 수도, 상처를 줄 수도 있으니까 항상 긍정적으로 사용해야 해요. 그래야 결과도 항상 긍정적으로 나오죠.

화를 푸는 6단계 대화법

화를 내면서 다음과 같은 말을 해본 적이 있나요?

"너 혹시 무슨 문제 있어?"
"아무렇지도 않아. 내가 보기에는
네가 더 안 좋아 보이는데?"
"정말?"
"그래."
"바보."
"누구? 나? 내가 왜?"
"시끄러."
"너나 조용히 하시지."
"뭐?"
"너나 조용히 하라고."
"너 요즘 무슨 문제 있어?"
"난 아무렇지도 않은데.
내 눈엔 네가 더 이상해 보여."

끝이 날 것 같지 않은 대화로군요. 주의 깊게 들을 만한 말은 하나도 없고요. 그저 상대방을 기분 나쁘게만 하려는 것 같아요. 이런 대화를 통해 문제가 해결된 걸 본 적이 있나요? 아마 없을 거예요.

대화는 재미있고 유쾌할수록 좋아요. 따뜻하고 기운을 북돋아주는 대화도 좋지요. 여러분도 마음만 먹으면 그런 대화를 나눌 수 있어요. 대화를 사용하면 사람과의 갈등을 해결할 수만 있고 분노를 긍정적인 에너지로 바꾸는 것도 가능해지지요. 그렇지만 대화로써 다른 사람과의 갈등을 해결하기 전에, 먼저 확인해야 할 게 있어요. 여러분 스스로가 차분한 마음상태를 지니고 있는지 '꼭' 확인해봐야 해요. 그래야 다른 사람과의 갈등을 풀기가 훨씬 쉬워진답니다. 자 이제 6단계로 들어가 볼까요?

1단계 : 상대방과 대화할 준비하기

여러분의 마음을 상하게 했던 게 무엇인지 다시 한 번 구체적으로 확인해보세요. 그리고 스스로 진짜 대화를 할 준비가 됐는지도 점검해보세요. 필요하다면 잠깐 동안 심호흡을 해도 좋아요. 대화로 문제를 풀려면 계속 침착하고 편안한 마음상태를 유지해야 되거든요. 자, 여기까지 잘 따라 오셨죠?

2단계 : 문제가 무엇인지 구체적으로 얘기하기

여러분의 둘도 없는 친구가 여러분의 비밀을 동네방네 떠들고 다닌다고 상상해봐요. 상상하는 것만으로도 화가 머리 끝까지 치솟지요. 실제로 그런 일이 일어난다면 아마 여러분은 다시는 그 친구와 얘기하지 않겠다고 다짐할 거예요. 그러나 친구와 언제까지 말을 안 할 수 있을까요? 차라리 친구에게 "나 정말 기분 나빴어. 그래서 네게 몇 가지 물어보려고 해"라고 말하는 게 더 낫지요. 그런 대화를 할 때는 되도록 정직하고 확실하게 말을 해야 합니다. 그러나 상대방을 욕하면 안 돼요. 감정적으로 얘기하면 안 된다는 거예요.

만약 친구의 대답이 "싫어"일 때

우선 언제 얘기를 할 수 있는지 물어보세요. 두 사람 다 문제를 풀고자 하는 마음이 있어야 대화가 가능하거든요. 만약 친구가 나중에 대화를 하자고 하거나 아예 대화하기 싫다는 태도를 보인다면, 이렇게 이야기해보세요. "이야기하기 싫다고 하니 유감인데. 네가 내 비밀을 떠들고 다녀서 난 무척 화가 났어. 네가 대화하기 싫다고 하니 나도 더 이상 너랑 말 안 해도 되겠다." 이런 말을 하면서 친구에게 화를 내고 싶을지도 모르겠지만 절대 화를 내거나 소리를 질러서는 안 돼요. 그때는 속이 후련할지 모르지만 나중엔 꼭 후회하게 될 거예요. 그 애가 대화를 거절해서 여전히 화가 안 풀렸다면, 다른 친구들이나 부모님께 털어 놓으세요.

만약 친구의 대답이 "그래"일 때

여러분이 지금 느끼고 있는 감정에 대해 솔직하게 이야기하세요. 이렇게 대화를 시작하는 것도 괜찮을 거예요. "네가 내 비밀을 떠들고 다닌 거 다 알고 있어. 왜 그랬니?" 여기서 중요한 것은 솔직하게 말하되 최대한 차분하게 말하는 거예요. 목소리를 높이지 말고요.

141

3단계 : 친구의 이야기에 귀 기울이기

여러분의 친구가 그런 상황이 벌어진 이유에 대해 설명을 할 거예요. 적극적으로 친구의 말을 들어주세요.

- 친구를 처다보면서, 이해가 됐을 때는 고개를 끄덕여주세요.
- 중간에 친구 말을 끊지 마세요.
- 정말 친구의 말을 잘 이해하고 싶다면, 친구에게 계속적으로 '지금 내가 이해하고 있는 게 맞냐'고 물어보세요. "넌 소라가 다른 사람에게 이야기하지 않을 것이라고 생각해서 내 비밀을 말했다는 거지? 맞아?" 또는 "내가 네게 줬던 쪽지를 실수로 버스에 두고 내렸다는 거지?"
- 이해가 안 되는 말이 있으면 그냥 넘어가지 말고 꼭 질문하세요.

아직 친구의 말을 판단하거나 자신의 생각을 이야기할 때가 아니랍니다. 이 단계는 상대방이 여러분에게 말하는 시간이에요. 상대방의 생각과 입장을 아는 게 이 단계의 목적이고요. 상대방이 여러분에게 사과할 시간을 주는 것이기도 하지요.

4단계 : 어떤 기분이 들었는지 솔직하게 털어 놓기

여러분이 어떤 기분이 들었는지 솔직하게 털어 놓으세요.

친구에게 여러분의 기분이 어땠고, 또 지금은 어떤지 이야기 하세요. 친구의 행동 때문에 어떤 일이 일어났는지도 이야기하 세요. 그런데 이때는 꼭 '나 – 메시지'를 사용해야 합니다.

이런 식으로 말하는 게 좋겠어요.

네가 너에게 말했던 비밀을 다른 사람도 알고 있더라. 난 무척 화가 났고 상처받았어. 왜냐하면 네가 날 존중하지 않고 있다고 생각했기 때문이야. 앞으로 널 믿을 수 있을지 없을지는 나도 잘 모르겠어. 시간이 더 필요해.

네가 내 비밀을 다른 사람에게 말했다는 걸 알았을 때
난 무척 당황했어. 이제 그 애들은 날 우습게 볼 거야.
난 친구를 좋아했던 거지, 날 당황스럽게 만드는 사람을
좋아했던 건 아니야.

만약 그것이 실수나 사고였다면, 이렇게 이야기하세요.

다른 사람들이 내 비밀을 알고 있다는 걸 알았을 때
난 무척 화나고 당황스러웠어. 하지만 이제 그것이
단순한 사고였다는 걸 알아. 그래서 이제는 네가 밉지 않아.
하지만 다음부터는 좀더 조심스럽게 행동해줬으면 좋겠어.

5단계 : 문제를 어떻게 해결할지 자신의 생각 이야기하기

다른 사람들이 어리석고 유치하다고 느끼든 말든, 여러분이 생각할 수 있는 모든 해결책들을 떠올려보세요. 그 다음 가장 효과적일 거라고 생각되는 방법을 말하세요. 예를 들어 친구가 다시는 이런 일이 없을 거라고 약속했다면 다시 한 번 기회를 줄 수도 있어요. 그 친구는 이제 절대로 여러분의 비밀을 다른 사람에게 얘기하지 않을 거예요. 아니면 여러분 스스로 자신의 비밀을 다른 사람에게 말하지 않겠다고 결심할 수도 있지요.

6단계 : 결론 내리기

이제는 이렇게 이야기해보세요. "그럼 이제 이렇게 하자. 너는 소라에게 가서 내 비밀을 이야기 한 것은 실수였고, 이제 그만 날 놀리라고 말해. 나도 소라에게 날 그만 놀리라고 말할 거야. 앞으로 너한테 내 비밀을 말해도 좋을지 아닐지는 좀더 생각해봐야겠어." 일단 이렇게 일을 마무리하고 그 후에는 그냥 지켜보세요. 일이 어떻게 진행되는지를 말이에요.

만약 친구가 여러분이 제시한 방법을 거부한다면 다른 방법을 생각해봐야 합니다.

- 그 친구에게 더 이상 내 개인적인 얘기를 하지 않는다.
- 사람들에게 비밀 얘기를 하지 않는다.
- 믿을 만한 어른에게 여러분의 마음을 털어놓는다.

위의 방법들을 실제로 행동에 옮기는 건 무척 어려워요. 처음에는 망설여질 거예요. 하지만 이 같은 방법으로 문제 해결하는 습관을 들이면 나중에는 더 자연스러워질 거예요.

친구에게 화를 내지 않고 자신의 느낌과 감정, 기분을 차분하게 얘기하는 것 역시 어렵게 느껴질 수 있지만, 자주 연습하다 보면 어느새 괜찮아질 거예요. 직접 얼굴을 보면서 얘기하기가 어렵다면 전화로 해도 됩니다. 전화로 얘기하는 게 익숙해졌으면 그때서야 친구를 만나서 얘기해도 괜찮아요. 아니면 거울을 보면서 친구에게 할 말을 똑같이 연습해보는 겁니다. 혹은 부모님, 친구들과 역할극을 해볼 수도 있어요. 이 같은 방법으로 연습을 하면 실제로 말하기가 더 쉬워질 거예요.

6단계 대화법 실제로 사용해보기

다음에 나오는 얘기를 쭉 읽으세요. 한 번 읽었으면 다시 처음으로 돌아가서 다시 읽으세요. 앞에서 배운 6단계 대화법 '대화할 준비하기 - 문제 얘기하기 - 친구의 말 들어보기 - 자신의 기분 말하기 - 해결방법 얘기하기 - 결론 내리기'를 정리하면서 각각 단계에서 특히 연습해야 할 것은 무엇인지 생각해보세요. 여러분이 다음에 나오는 이야기의 주인공이라고 생각하고 한 번 문제를 해결해보세요.

여러분은 생일 선물로 비디오 게임기를 선물 받았어요. 평소에 너무 갖고 싶었던 거라 정말 기뻤지요. 그런데 게임을 하려고 할 때마다, 형이(또는 오빠가) 와서 자기가 먼저 하겠다고 소리를 지르는 거예요. 어쩔 수 없이 먼저 하게 내버려뒀죠. 그런데 또 문제가 생겼어요. 차례가 돼서 게임을 하려고 하면, 형이 뒤에서 "야, 이건 이렇게 해! 저건 저렇게 해야지!" 하며 참견을 하는 거예요. 짜증이 나서 이렇게 소리치고 싶어졌죠. "내 뒤에서 당장 사라져 줄래?"

게임을 하는 건 난데 왜 명령을 하는 걸까요? 기분이 나빠진 나머지 텔레비전을 끄고 게임기를 들고 나갔어요. 그리고 친구를 만나 자전거를 타고 공원을 한 바퀴 돌고 났더니 마음이 좀 누그러졌어요. 다시 기분 좋게 집으로 들어갈 준비가 끝난 거지요. 여러분은 이제 좀 전에 벌어졌던 문제에 대해 형과 이야기를 해야겠다고 생각했어요. 어떻게 이야기를 해야 할지 고민합니다.

집에 가보니 형은 간식을 먹고 있어요. 주위에 다른 사람이 없는 것을 확인하고, 여러분은 이렇게 말합니다. "형, 나랑 잠깐 얘기 좀 해. 게임하고 있을 때 왜 자꾸 이래라 저래라 하는 거야? 난 그게 너무 싫었어. 형은 어떻게 생각해?"

이제부터 여러분과 형의 대화예요.

형 : 난 또 뭐라고. 난 단지 네가 비디오 게임하는 걸 지켜봤
    을 뿐이라고. 내가 볼 때 넌 아직 게임을 잘할 줄 모르는
    것 같아. 그래서 옆에서 가르쳐 준 것뿐이라고!

나 : 그래서 형이 날 도와주려 했다고?

형 : 음… 네가 게임하는 걸 보고 있으면 마음이 조마조마해.
    너는 게임을 너무 못해. 엉뚱한 곳에서 딴 짓만 하고 있
    잖아.

나 : 형은 꼭 나한테 짜증내는 것처럼 말했잖아.

형 : 사실 정말 짜증이 났었는지도 몰라.

나 : 나도 짜증났단 말이야. 형이 와서 큰 소리 칠 때 정말 짜
    증났었어. 내가 형이 하란 대로 게임을 했으면 좋겠어?
    난 내 방식대로 게임을 하고 싶단 말이야.

형 : 이건 정말 재밌는 게임이야. 근데 넌 꼭 바보같이 하잖
    아. 이런 게임은 계획을 가지고 해야 해.

나 : 좋아, 하지만 이것은 내가 하고 있는 게임이야. 난 내 생
    각대로 게임을 할 권리가 있어. 대신 형이 게임을 할 수
    있도록 시간이 되면 양보할게.

형 : 어쨌든 좋아.

나름대로 해결이 잘됐네요. 하지만 상대방이 문제해결을 무시할 때도 있을 수 있어요. 그렇더라도 절대 포기하지 마세요! 여러분은 형에게 이렇게 말할 수도 있어요.

형이 계속해서 그 문제에 대해 얘기하길 원한다면 더 좋은 해결책을 얻을 수도 있답니다. 형과 하루씩 번갈아 가면서 게임을 한다든지, 또는 하루에 게임을 할 수 있는 시간을 정해서 각

자 한다든지 나름의 규칙을 정할 수 있지요. 여러분의 실력이 갈수록 느는 것을 보면 형도 더 이상 참견하지 않을 테고요. 만약 형이 여러분의 기분을 진짜로 이해했다면 실력이 늘지 않아도 더 이상 잔소리를 하지 않을 거예요. 어때요? 멋있지 않나요? 여러분이 진정으로 문제를 해결하기 원한다면, 또한 그 문제를 대화로서 풀길 원한다면 좋은 해결책들이 저절로 다가온답니다. 정말 놀라워요.

> 내가 게임할 때 그냥 날 내버려 뒀으면 좋겠어. 그 대신 가끔은 내 게임기를 써도 좋아. 어때? 형도 좋아?

물론 형이 여러분과 대화하기를 싫어하거나, 여러분의 기분을 얘기했는데도 계속 귀찮게 굴면서 살살 약을 올린다면 문제를 해결할 수 있는 다른 방법을 찾아야 합니다. 아마도 부모님은 이 상황을 해결할 수 있는 방법을 알려줄 거예요. 그 방법을 알고 난 후에 다시 한 번 형과 얘기를 해보세요.

그래도 형이 태도를 바꾸지 않는다면, 형이 방을 나갈 때까지만 아무 말 하지 말고 텔레비전 화면에 딱 붙어서 게임을 하세요. 형이 화면을 못 보도록 말이죠. 처음에 형은 짜증내다가 화를 내다가 결국 제 풀에 지쳐 나가버리고 말 거예요. 어때요? 어려운 상황을 해결하기 위해서는 때론 재치도 필요하답니다. 그래도 너무 오래 텔레비전에 붙어 있진 말아요. 눈이 금방 나빠지고 말 거예요.

화가 난 상황을 해결하기 위해서는 다음 두 가지를 꼭 명심하세요.

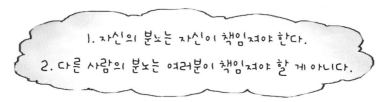

1. 자신의 분노는 자신이 책임져야 한다.
2. 다른 사람의 분노는 여러분이 책임져야 할 게 아니다.

그러니 만약 다른 사람이 화나 있거나, 기분이 안 좋은 표정으로 여러분을 무시하더라도 자신을 탓하지는 마세요. 문제를 해결하자는 말을 친구가 무시하더라도 화를 내지는 말아요. 화를 내서는 안 됩니다. 지금껏 우리는 화를 긍정적인 에너지로 바꾸기 위해 노력해왔잖아요. 지금 포기하면 안 되죠.

다음에는 우리가 지금까지 알아봤던 6단계 대화법이 정리돼 있어요. 그것을 복사해서 호주머니나 가방에 들고 다니면 좋아요. 몇 개를 더 복사해서 게시판이나 거울에 붙여 놓으면 효과는 더 커질 거예요. 수시로 그것을 보면서 화를 어떻게 다스릴지 생각해보세요.

화를 푸는
6단계 대화법

1. 상대방과 대화할 준비를 하세요.
   - 준비를 하다보면 마음이 안정될 거예요.
2. 문제가 무엇인지 구체적으로 이야기하세요.
   - 단호하게 이야기하되, 최대한 상대방을 존중해주세요.
3. 친구의 이야기에 귀 기울이세요.
   - 친구가 이야기할 때 자주 고개를 끄덕여주세요. 대신
     절대로 끼어들지 마세요. 여러분이 이해한 것이 맞는
     지 친구에게 계속해서 질문하고, 만약 이해되지 않았
     다면 반드시 다시 물어보세요.
4. 여러분의 기분을 솔직하게 털어 놓으세요.
   - 말할 때는 '나-메시지'를 사용하세요.
5. 문제를 해결하기 위해 생각한 것들을 얘기하세요.
   - 최대한 좋은 방법들을 많이 떠올려보세요.
6. 가장 좋은 방법을 고르세요.
   - 대화가 길어지지 않도록 몇 시부터 몇 시까지 말할 것
     인지 미리 정하세요.

화 탐지 레이더

지금까지 여러분은 화에 대해서 많은 것을 배웠습니다. 이제는 '화 탐지 레이더'에 대해서 알아볼까요? 이것을 배우면 여러분은 언제든지 주변에 흐르는 화의 기운을 찾아낼 수 있습니다.

화를 내는 사람이 곁에 있다면 금새 알아차릴 수 있답니다. 여러분은 단지 다른 사람들의 얼굴 표정을 살펴보기만 하면 돼요. 그러나 어떤 사람들은 자신의 표정을 숨기려고 해요. 화가 났어도 조용히 있거나 멍한 표정을 짓고 있죠. 이때 여러분이 레이더를 꺼내면 그들이 화났다는 증거를 확인할 수 있을 거예요!

'화 탐지 레이더'는 이런 사람들에게 사용하면 좋아요 :

- 말을 멈춰버리거나 침묵하는 사람
- 언제나 혼자 있으려고 하는 사람
- 상처를 주거나 다른 사람을 약올리는 사람
- 거짓말이나 농담만 하는 사람
- 최악의 상황만을 생각하고, 말하는 사람
- 자신의 분노를 비밀스럽게 나타내려는 사람. 그래서 다른 사람의 물건을 망가뜨리거나 심지어 훔치기까지 하는 사람.
- 담배를 피거나 약을 마시는 등의 위험한 행동을 하는 사람
- 온종일 먹기만 하거나, 또는 전혀 먹지 않는 사람

화가 난 사람은 종종 위험한 행동을 하기도 해요. 분노를 다스리려고 하는 대신, 술을 먹거나 약을 먹기도 하죠. 그런 방식으로 화를 풀면 처음에는 색다른 느낌을 받을 수도 있지만, 문제는 해결되지 않을 거예요. 아니, 전보다 더 나빠질 거예요.

사람들은 때론 자신보다 작고 약한 아이들에게 화를 풀려고 합니다. 그러나 약한 친구를 때리거나 동물을 괴롭히는 것으로는 어떠한 문제도 해결할 수 없어요.

만약 다른 사람이 이와 같이 행동하는 것을 봤다면 혹은 자신이 그런 일을 했었다면, 즉시 어른들에게 도움을 청하세요.

화를 참지 못하고 칼이나 총 같은 무기를 사용해서 상대방에게 복수하려고 하는 사람들도 있어요. 정말 최악의 경우지요. 하지만 무기를 사용해서는 결코 문제를 해결할 수 없어요. 만약 이런 일을 저지르고 싶은 생각이 든다면 최대한 빨리 도움을 요청하세요. 여러분이 존경하는 어른에게 빨리 달려가세요. 최대한 빨리요! 여러분의 상태나 감정을 말함으로써 진정한 도움을 받을 수 있어요.

다른 사람이 그러한 행동을 저지르려고 할 때도 바로 어른들에게 말해야 해요. 상대방이 흉기를 가졌는지 확실히 알지 못해도 조금이라도 의심이 들거든 주위 어른들에게 말하는 습관을 기르세요. 그러면 언제 어느 때나 안전하게 지낼 수 있습니다.

'화 탐지 레이더'는 아주 다양하게 쓰일 수 있어요. '화 탐지 레이더'를 사용하면 텔레비전이나 라디오, 비디오 게임같이 미처 생각지 못했던 곳에서 생기는 화의 기운도 느낄 수 있거든요.

자, 다음 이야기를 잘 읽어보세요. 여러분은 조용히 소파에 앉아서 텔레비전을 보고 있습니다. 아주 편안한 상태에요. 차분하고, 침착하고, 완벽할 정도로 정신이 맑은 상태에요. 하지만 전문가의 말에 따르면 사람들은 평균 하루에 약 20개가 넘는 폭력적인 장면을 텔레비전에서 본다고 합니다. 비명을 지르고, 때리고, 밀고, 차고, 서로를 죽이는 장면들을 하루에 20개씩이나 본다고요! 그렇게 계산해보면 18살 때쯤엔 약 20만개의 폭력장면을 보는 셈이 돼요.

● 이럴 수가! ●

텔레비전(만화나 영화도 포함)에 나오는 폭력장면이 실제가 아니라는 걸 알아도, 그런 장면을 계속 보다보면 사람은 공격적으로 변하게 됩니다. 액션 영화를 좋아하나요? 싸우는 폭력이 나오면 어쩐지 흥분되나요? 그렇다면 그런 장면을 보고 난 후에 갑자기 거칠게 행동하고 싶은 충동을 느꼈을 수도 있겠네요. 우리는 영화 속 주인공들이 악당을 얼마나 폭력적으로 물리치는지 잘 알잖아요?

텔레비전에서 나오는 폭력적인 장면이나 뉴스에서 전해주는 끔찍한 이야기를 보면서, 여러분은 아마 여러가지 생각을 했을 것입니다. 세상은 나쁜 사람들로 꽉 차 있다고 생각하게 됐을 수도 있어요. 그러다가 눈앞에서 실제로 폭력행위를 보게 됐을 때, 갑자기 이런 생각이 들었을지도 모릅니다. '정상이군.' '뭐, 대단한 일도 아닌데.' 이미 폭력을 우리 삶의 일부라고 생각해버린 거죠. 이렇게 잘못된 생각이 뿌리내리면 절대 바꿀 수 없다고 생각하나요? 그렇지 않아요. '여러분에게는 생각을 바꿀 수 있는 능력이 있습니다.'

만약 여러분이 존경하고 따르는 어른들이 화내는 모습을 본다면 여러분은 혼란스러운 기분이 들 거예요. 그런 모습은 여러분에게 잘못된 생각을 심어줄 위험이 있죠. 화난 사람들이 시끄럽고, 거칠고, 무섭게 행동하는 건 당연하다고 생각하게 되는 거예요. 하지만 그건 사실이 아닙니다.

때로는, 화를 잘 내는 사람들이 여러분의 영웅일 수도 있습니다. 경기 중에 상대선수에게 욕설을 퍼붓거나 과격한 행동을 하는 운동 선수를 본 적이 있을 거예요. 그들의 실제 행동

또한 경기장 안에서와 똑같다는 이야기도 들었을 거예요. 난폭운전, 폭력 등으로 자주 신문에 등장하기도 하고요. 그렇지만 여러분은 은근히 그런 행동들을 멋있다고 생각하고 있을 거예요. 실제 삶에서의 행동도 경기에서 보여주는 멋진 경기와 같을 것이라고 생각하기 때문이죠. 심지어 그들을 존경하기까지 해요. 하지만 그런 생각만큼 어리석은 게 없어요. 암, 물론이고말고요.

이 세상에서
내가 할 일은 뭐지?

　여기, '화 탐지 레이더'가 여러분을 도와줄 거예요. 텔레비전이나 영화, 뉴스나 비디오 게임에서 폭력적인 장면이 나왔을 때, 그 레이더를 작동시켜보세요. 분노가 치밀어 오를 때 누군가에게 공격을 받았을 때, 여러분은 어떤 느낌이 드나요? 119페이지에 나온 '몸의 위험 신호'에 대한 내용을 다시 한 번 떠올려보세요. 여러분의 몸 어떤 부분에서 '위험 신호'가 나오는지 생각해보세요. 폭력적인 장면을 보고 있으면 어느새 여러분의 마음속에서도 화가 치밀어 오를 거예요. 그게 느껴지나요? 여러분의 화는 여러분만이 다스릴 수 있습니다. 그러니 기분을 나쁘게 만드는 장면이 나왔다면 손가락을 사용해 텔레비전, 비디오, 게임기의 전원을 꺼버리세요. 너무도 간단한 일 아닌가요?

그런 후에는 뭘 해야 하죠?

잠시 동안 쉬세요.

마음을 차분하게 만드세요.

기분을 좋게 해주는 다른 활동들을 찾아보세요.

만약 화가 난 어른들을 보고 기분이 상했거나 혼란스러워졌다면, 그것에 대해 다른 사람과 이야기하세요. 여러분의 기분이 어땠는지 이야기하고, 필요하다면 도움을 요청하세요.

'화 탐지 레이더'는 다른 상황에서도 사용할 수 있어요. 여러분이 닮고 싶은 사람을 찾을 때도 사용할 수 있지요. 모든 사람에게 친절하고, 그래서 모든 사람에게서 존경받는 사람을 알고 있나요? 언제나 차분하고 평온해 보이는 사람이 있나요? 평화를 사랑하는 사람이 있나요? 그런 사람들을 보면서 어떻게 행동하고 말해야 하는지를 배우세요.

이럴 땐 어떻게 해야 하죠?

화를 다스리고 싶은 사람들은 이 장의 내용을 잘 읽어봐야 할 거예요. 이제부터 여러분은 질문을 사용해서 화를 다스리는 방법을 배울 거거든요. 이런 식으로요.

**"내가 화났을 때 부모님이나 선생님이
도와주지 않으면 어떻게 될까?"**

어른들도 화내는 사람을 불편하게 생각합니다. 그래서 여러분들이 화내고 짜증낼 때 부모님이나 선생님들은 이렇게 말하기도 해요. "그런 식으로 말하지 말아라." "내 수업시간에 화내지 말아라."

163

그러나 어른들이 그렇게 말하는 것은 여러분을 비난하고 싶어서가 아니에요. 그냥 여러분이 화내지 말았으면 하는 마음에서 하는 말이랍니다. 무작정 화를 내는 게 잘못된 것이라는 걸 알려주고 싶어서죠. 하고 싶은 말을 직접적으로 얘기하는 대신 부드럽게 돌려 말하고 있는 거예요.

어른들의 이런 말은

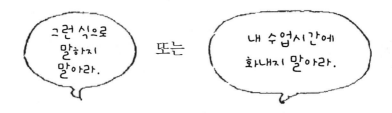

실제로는 이런 의미랍니다.

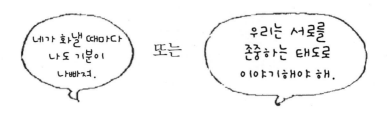

그것에 대해 부모님이나 선생님과 한번 얘기해보세요. 여러분은 아마도 이렇게 말하겠지요. "아빠는 내가 화내는 게 싫죠? 나쁜 것이라고 생각하죠? 그렇지만 모든 사람들이 때때로 화를 내요. 그리고 사실은 저도 화나게 하는 사람이나 상황을 만났을 때 어떻게 해야 할지 알고 싶어요."

여러분이 이런 말을 하면 어른들은 매우 기뻐할 거예요. 용기를 내 도와달라고 말하고 있는 거니까요. 그런데 만약 어른들이 여러분의 말 듣는 걸 귀찮아하면 어떻게 하냐고요? 설사 그렇더라도 포기하지 마세요. 여러분의 기분에 대해 얘기하고, 도움을 받을 수 있는 방법은 아직 많으니까요.

"그 아이가 날 괴롭혀요. 어떻게 해야 하죠?"

남을 잘 괴롭히는 사람은 화도 잘 내기 마련이에요. 다른 사람을 못살게 굴면서 자신이 남들보다 더 낫다고 생각하지요. 만약 지금 어떤 사람이 여러분을 괴롭히고 있다면 이제부터 나오는 내용을 잘 읽어보세요.

첫째 여러분을 괴롭히는 사람을 무시해서는 안 돼요. 다른 사람을 괴롭히는 사람은 상대방이 어떤 반응을 하기를 기대하고 있어요. 그런데 무시해버리면 아마도 그 아이는 여러분이 반응을 보일 때까지 끊임없이 괴롭힐 거예요. 계속 욕을 하거나 이상한 별명으로 놀릴지도 몰라요.

그런 상황을 무시하는 대신, 조용하고 차분한 목소리로 이렇게 말하세요. "그만해, 난 그런 거 싫어." 또는 "자꾸 날 귀찮게

선생님 어디 계셔?
네가 나한테 어떻게 했는지
말씀드릴 거야.

166

한다면 선생님께 말해버릴 거야."

만약 어떤 사람이 자꾸 여러분을 때리려 한다면…

절대 그 사람과 싸워서는 안 돼요. 상황이 더 나빠질 수도 있어요.

일단 안전한 곳으로 자리를 피하세요. 침착한 태도로 다른 곳으로 가버리세요. 사람들이 많이 모인 곳이 좋아요. 여러분을 괴롭혔던 아이는 사람이 많은 곳까지 따라오지 않을 거예요.

사람들을 괴롭히는 집단을 '폭력배' 혹은 '폭력집단' 이라고 합니다. 만약 이런 사람들이 여러분을 쫓아온다면…

소리치세요.

도망가세요.

안전한 곳으로 최대한 빨리

도망가는 게 중요해요.

지금 무슨 일이 벌어지고 있는지

다른 사람에게 알리고 도움을 청하세요.

그리고 기억하세요. 여러분을 괴롭히는 사람이 누구든지 그리고 그 사람이 어떤 방법으로 여러분을 괴롭히든지 간에

- 그것은 여러분의 잘못이 아닙니다.
- 같이 대들며 싸우는 것은 바람직하지 않습니다.
- 어른들에게 여러분의 상황을 알리세요. 그러면 곧 도움을 받을 수 있을 거예요.

"만약 어른들이 화를 낼 땐 어떻게 하죠?"

모든 사람들은 화를 냅니다. 여자, 남자, 친구, 형제, 자매, 친척, 심지어 아기들도…. 물론 어른들도 화를 냅니다. 선생님들, 부모님들, 교장선생님, 경찰들, 버스 운전사들, 학교 식당의 아주머니들까지도 종종 화를 내곤 하죠.

어른들도 어린아이처럼 화를 낸다는 사실을 알고 있어야 해요. 물론 어떤 어른들은 다른 사람에 비해 훨씬 더 화를 잘 다스리긴 하지만요.

여러분도 아마 아래와 같은 상황을 보거나 경험했던 적이 있을 거예요.

6학년 합주부를 이끄는 선생님은 성격이 불같습니다. 그래서 학생들은 합주시간이 되면 벌벌 떨기 일쑤죠. 그 선생님은 화가 날 때마다 고함을 치며 학생들에게 소리를 지릅니다. 학생들의 연주가 기대에 못 미칠 때마다 선생님은 지휘봉으로 책상을 세게 두드려요. 그러다가 지휘봉이 부러진 적도 있다니까요.

한 번은 악보를 집어 던진 적도 있어요. 그래서 학생들은 연주할 때마다 마음이 두근거리고 질문하는 것도 무서워하게 됐어요. 선생님의 화가 폭발할 때마다 학생들은 무엇을 해야 할지 몰라서 당황하곤 했지요.

고함치거나, 물건을 부수거나, 여러분을 때리는 어른이 있나요? 그런 일이 있었다면 절대 그냥 넘어가서는 안 됩니다. 정상적인 상황이 아니에요. 만약 그런 일이 여러분이나 여러분의 친구에게 일어났다면 반드시 다른 어른들에게 그 사실을 말해야 해요. 부모님이나 학교에 있는 교장선생님, 상담선생님께 알려야 합니다. 그런 조치를 취함으로써 자신을 존중하는 법을 배우게 될 거예요. 그리고 화를 다스리지 못했던 그 어른도 자신의 태도를 바꿈으로써 사람들과 더 잘 지내게 될 거예요.

어머니와 매우 친밀하게 지내는 소년이 있었습니다. 소년은 어머니와 함께 즐거운 시간을 보냈지요. 강아지를 데리고 함께 산책하고, 카드놀이를 하고, 항상 대화를 나누었지요. 그러나 어느 날부터 소년의 어머니가 변하기 시작했어요. 갑자기 화를 내는가 하면 고함을 치고 집안의 물건들을 집어던질 때도 있었어요. 차를 몰 때도 난폭하게 몰아서 옆에 앉아 있던 소년을 두려움에 떨게 만들었어요. 소년은 어머니에게 무슨 일이 일어났는지 알고 싶었지만 물어볼 수 없었지요.

부모님들이 이성을 잃는다면 여러분은 무척 불안할 거예요. 여러분의 행동을 책임지고, 옳은 일을 하도록 알려주는 어른들이 난폭하게 행동한다면 여러분은 안절부절못하게 될 거예요. 만약 이러한 일이 여러분에게도 일어나고 있다면 반드시 다른 어른들의 도움을 구하세요. 다른 어른들에게 문제해결 방법을 물어보세요. 그런 다음 부모님과 조용한 장소에서 대화를 해야 합니다.

"난 엄마(또는 아빠)와 함께 있는 시간이 너무 좋아요. 그렇지만 엄마가 고함치고 물건을 집어던지면 난 너무 무서워. 난 엄마가 화가 났을 때도 침착한 모습을 보였으면 좋겠어요."

이것을 꼭 기억하세요. 만약 누군가가 여러분을 때리고 해를 입히려고 한다면 절대 그냥 넘어가서는 안 됩니다. 그 사람이 부모님이라고 해도 말예요. 믿을 만한 어른에게 꼭 도움을 구해야 합니다.(108~109페이지에 여러분에게 도움을 줄 수 있는 어른들이 나와 있습니다.)

"안전하지 못하다는 느낌이 들 때는 어떻게 하나요?"

여러분의 안전은 다른 어떤 것들보다도 중요해요. 그렇기 때문에 만약 여러분의 안전이 위협받고 있다면 도움을 구하세요.

만약 집에서 부모님들이 고함을 치거나 여러분을 다치게 한다면, 여러분이 나서서 자신의 안전을 지켜야 합니다.

- 계획을 먼저 세우세요. 부모님이 고함을 치거나 소리 지르기 시작하면 일단 안전한 장소로 피하세요. 일단 그곳에 가서 마음을 안정시킬 수 있는 활동을 하세요. 책을 읽거나 공책에 글을 쓰거나 게임을 하거나 조용한 음악을 들을 수 있습니다. 만약 휴대전화를 가지고 있다면, 친척에게 전화하세요. 혹은 친한 친구에게 전화하세요. 그들에게 조용히

자신의 현재 상황을 이야기하세요.

- 119에 전화하세요. 집에 있는 것이 너무 무섭다면 119에 전화하세요. 현재 위험에 처해 있다고, 누군가가 나를 때리려 한다고 말하세요.

- 믿을 만한 어른에게 이야기하세요. 여러분을 안전하게 있을 수 있도록 도와줄 수 있는 사람은 누구인가요? 믿을 수 있는 어른을 찾으세요. 그리고 만약 찾았다면 그 어른에게 지금 일어나고 있는 일들에 대해 말하세요.

107페이지를 보면 도움을 구하는 방법이 나와 있어요.

마음을 차분하게 만드는 좋은 방법들

축하해요! 화를 다스릴 수 있는 방법들을 많이 배웠군요! 이제는 매일매일 실천할 수 있고, 기분을 행복하게 만들어 줄 수 있는 간단한 방법들을 배워볼 거예요.

튼튼한 몸 만들기

매일 적당한 운동을 한다면 여러분의 몸은 보다 건강하고 튼튼해질 거예요. 몸을 움직이면 기분이 좋아질 뿐 아니라 몸의 에너지를 좋은 방향으로 사용할 수 있게 돼서 더욱 좋아요.

잘 먹기

과일이나 채소를 매일 먹고, 균형 잡힌 식사를 하도록 해요. 이건 매우 중요해요. 사탕이나 과자 같은 식품은 되도록 먹지 마세요. 그런 음식들은 맛있긴 하지만 여러분의 몸을 아프게 만들 거예요.

식사 거르지 말기

배가 고프면 신경이 예민해지고, 짜증이 나고, 조그마한 일에도 벌컥 화를 내게 되지요? 아침을 거르면 공부가 잘 안 되는 것처럼 뱃속이 텅 비게 되면 기분도 나빠져요. 규칙적으로 식사를 해야 화가 나는 것을 막을 수 있어요.

달거나 카페인이 첨가된 음료수 안 먹기

설탕이나 카페인이 가득 든 음료수를 마시는 것은 순간적으로 기분을 예민하게 만들어요. 그런 것들 대신 물이나 과일 주스를 마시도록 해요.

잠 충분히 자기

밤 늦게까지 텔레비전을 보면 재미있기야 하겠지만, 다음날

이면 엄청 피곤해질 거예요. 그래서 신경
이 예민해질 거고요. 밤에는 편히 쉬어
야 해요. 필요하다면 낮에도 잠깐
씩 낮잠을 자세요.

쉬는 법 배우기

무작정 텔레비전 앞에 드러누워 있다고 쉬고 있는 건 아니죠.
사실 쉴 때도 어느 정도의 기술과 집중력이 필요해요. 마음을
비우고 머리에서 발끝가지 온몸의 힘을 천천히 빼보세요. 99~
100페이지에 쉽게 따라 할 수 있는 다른 휴식법들이 나와 있으
니 그것들을 참고해보세요. 그 방법들을 사용하면 여러분은 언
제 어디서나 편안히 쉴 수 있어요.

기분 파악하기

여러분의 현재 기분이 어떤지 알려고 노력해보세요. 화가 났
는지, 질투를 느끼는지, 슬픈지, 짜증나는지 등등…. 항상 스스
로에게 물어보세요. 자신의 기분이 어떤지, 그리고 그런 기분
을 왜 느끼는지 알고 나면 문제를 해결하는 데 도움을 얻을 수
있어요.

누군가와 이야기하기

여러분을 괴롭히는 것들이 무엇인지 다른 사람에게 마음을 열고 이야기해보세요. 여러분의 감정을 이야기하세요. 이야기할 누군가를 찾으세요. 믿고 따를 수 있는 어른 혹은 친한 친구에게 자신을 보여주세요. 물론 처음에는 마음을 터놓고 얘기하는 게 힘들 수도 있어요. 처음은 뭐든지 힘들지만 노력하는 자세가 필요한 거예요. 만약 여러분이 편안한 마음으로 자신에 대해 얘길 한다면, 나중에는 여러분의 친구도 자신의 문제에 대해서 마음을 터놓고 얘기할 거예요.

여러분의 기분을 글로 표현하기

여러분의 모든 생각을 쓸 수 있는 일기장을 만드세요. 그리고 거기에 여러분이 느낀 감정들을 모두 기록하세요. 이것은 재미있을 뿐 아니라, 감정을 조절하는 데도 큰 도움이 됩니다. 누군가 훔쳐볼까봐 걱정된다면 열쇠가 달린 일기장을 사면 돼요.

여러분만의 조용한 장소 찾기

다른 사람과 조용히 얘기할 수 있는 곳을 찾으세요. 여러분에게 안정과 편안함을 줄 수 있는 곳을 찾아요. 그리고 그곳을 여

러분의 생각이나 느낌을 정리하는 자신만의 공간으로 만들어
봐요. 너무 슬플 때, 너무 우울할 때, 너무 화가 날 때 그곳에 가
서 기분을 정리해보세요. 기분이 한결 나아질 거예요.

재미있는 취미활동

가장 좋아하는 취미활동이
뭔가요? 취미가 없다고요? 그러면 이제부터 만들어보세요. 무
언가를 수집해도 좋고, 새로운 악기를 배워도 좋고, 운동을 시
작해도 좋아요. 만약 좋아하는 취미나 활동을 찾았다면, 기분
이 우울해질 때마다 그 활동들을 하세요. 마음을 진정시키는
데 아주 좋을 거예요.

음악이나 미술 배우기

음악은 두 가지 기능을 한답니다. 빠른 음악은 우울한
기분을 달래주고, 느린 음악은 기분을 차분하게 만들어줘요.
그러니 기분이 나쁠 때는 좋은 음악을 들어보세요.

그림을 그리는 것도 도움이 돼요. 기분이 상했을 때, 낙서를
하거나 손에 페인트를 묻혀 벽에 마음껏 그리거나 찰
흙으로 도자기를 빚어보세요. 기분이 아주
밝아질 거예요.

무엇을 보고 들을지 신중하게 결정하기

텔레비전, 영화, 비디오 게임에는 폭력적인 장면들이 많아요. 대부분은 어른들을 위해 만들어진 것이라 아이들에게는 좋지 않아요. 폭력적인 장면을 보면 자신도 모르게 성격이 폭력적으로 변하고, 자주 화를 내게 돼요. 그러니 인터넷이나 게임, 텔레비전을 볼 때는 신중하게 잘 선택하세요.

'화를 다스리는 모임' 시작하기

화를 긍정적으로 바꾸기 위한 모임이 있을 수도 있어요. 그런 모임에 참여해보는 것은 어때요? 아니면 여러분이 그런 모임을 만들 수도 있어요. 친구들과 함께 긍정적인 방법으로 화를 다스리는 거지요. 그리고 선생님이나 부모님께 그 모임에 대해 알려드리세요. 혹시 그분들도 함께 참여하고 싶으실 수도 있으니까요.

기분을 좋게 해주는 친구들 만나기

혹시 자주 화를 내거나 거칠게 행동하나요? 친구들이 여러분을 괴롭히기 때문인가요? 아니면 다른 이유 때문에 자꾸 기분이 우울해지는 건가요? 일단 여러분 곁에 좋은 친구들을 많이 두세요. 그 친구들은 여러분의 기분을 풀어줄 거예요.

자주 껴안기

슬프거나, 화나거나, 기분이 상했을 때
는 좋아하는 사람을 꼭 껴안아보세요.
아니면 여러분의 상황을 말하고 위로
해달라고 말해보세요. 이런 방법들은 기
분을 한결 좋아지게 만듭니다. 여러분 역시 다른 친구들이 우
울해할 때 이런 방법들을 사용해볼 수도 있어요. 물론 포옹을
할 때는 조심스럽게 해야 하겠지만요. 그것을 원치 않는 사람
도 있을 수 있거든요. 사실 껴안는 것이야말로 기쁜 날이나 슬
픈 날이나 다 환영받는 몸짓이긴 하지만요.

용서하고 잊는 법 배우기

누군가를 미워하거나 뒤에서 욕하는 버릇이 있나요? 그게 얼
마나 스스로를 지치게 하는지 알고 있나요? 부정적인 자세를 가
지고 있으면 부정적인 일들만 더 일어나게 돼요. 그러한 태도를
지니고 있으면 매일매일 싸움이 일어날 거고, 결국 친구들은 하
나둘씩 곁을 떠나고 말 거예요. 미안하다는 말을 배우세요. 그
리고 용기를 내서 그 말을 하세요. 하지만 이렇게 말하지는 마
세요. "미안해, 그렇지만 네가 그때 바보같이 굴었잖아." 이런
사과는 사이를 더 나쁘게 만들 뿐이에요. 사과는 상대방에 대한

180

사랑을 담아 하는 거랍니다. 그러니 이제부터는 이렇게 말해보세요. "내가 그때 정신이 없었어. 정말 미안해."

그리고 만약 여러분이 사과를 받는 입장이 됐다면 기꺼이 받아들일 줄도 알아야 해요. 그 사람이 어떤 식으로 사과하든 그 태도에는 크게 신경 쓰지 마세요. 화를 다스릴 수 있는 가장 훌륭한 방법이죠.

만약 이 책을 통해 감정을 조절하고 화를 다스릴 줄 아는 방법을 배웠다면, 여러분은 앞으로 더 많은 사람들과 더 친하게

이것이
여러분의 모습이
될 거예요.

지낼 수 있을 거예요. 이 말이 사실이냐고요? 물론이죠. 하루하루가 행복해질 거예요. 언젠가는 화를 다스릴 줄 아는 스스로를 자랑스럽게 여기게 될 거고요.

서약서

1. 나는 화를 긍정적인 방법으로 풀 것입니다.
2. 나는 남을 존중하는 태도로 다른 사람을 부드럽게 대하겠습니다.
3. 나는 스스로를 대할 때도 부드럽고 존중하는 태도를 잃지 않겠습니다.

이름 :

날짜 :

기쁨, 슬픔, 두려움 등은 인간의 자연스러운 감정입니다. 심지어 화나 분노도요. 하지만 부모님들은 아이들이 공격적이고 폭력적인 방식으로 화를 표출할 때, 당연히 걱정할 수밖에 없습니다.

물론 화는 절제하기 힘든 감정입니다. 우리 모두 그 사실을 알고 있습니다. 뿐만 아니라 그것은 죄책감, 질투심, 슬픔, 좌절감, 걱정, 두려움 등이 뒤섞인 매우 복잡한 감정이기도 합니다. 그래서 많은 사람들이 화를 긍정적인 방법이 아닌 부정적인 방법으로 표출하곤 합니다.

특히 아이들은 어른들의 행동을 그대로 따라하는 경향이 있어서, 만약 부모가 화를 내면서 남을 무시하고, 빈정거리면서 말하고, 사납게 소리치고, 주먹을 휘두른다면 그것을 본 아이들 역시 똑같은 방식으로 화를 표출하게 됩니다.

보통 화라는 감정은 상황이 불리할 때, 원하는 것을 갖지 못했을 때, 뜻대로 되지 않았을 때 생기기 때문에 전문가들은 '화'를 '생존의 감정'이라고도 부릅니다. 그렇기 때문에 화를 긍정적인 방식으로 표출하는 것은 더욱 더 중요합니다. 그래서 부모님들은 자녀가 화를 낼 때 어떤 방식으로 화를 내는지 관찰하고, 긍정적인 방식으로 화를 표현하게끔 가르쳐야 합니다. 화를 내는 대신 친구를 인정하고, 올바른 방법으로 경쟁하고, 화를 다스리는 법을 배울 수 있도록 해야 합니다. 어른들은 잘 모르고 있지만 아이들 역시 괴롭힘, 부당한 대우, 압박감 등 관계에서 오는 스트레스를 심하게 받곤 합니다. 그래서 부모들은 아이들에게 그런 스트레스를 긍정적으로 다루는 법, 자기의심, 낮은 자존감, 무기력증을 극복할 방법을 알려줘야 합니다.

많은 부모님들이 아이들이 화를 낼 때마다 "화내지 마!" "그만 해!"라고 소리칩니다. 그러나 그런 말은 아이들에게 '화는 나쁜 것'이라는 인식을 심어주지요. 그런 메시지들은 아이들이 그 상황을 이해하거나 평정을 되찾도록 하는 데 아무런 효과를 발휘하지 못합니다. 차라리 "화를 내는 게 꼭 나쁘기만 한 건 아니야. 그러나 고함치거나 때리거나 발로 차는 건 옳지 않아"라고 말하는 게 좋습니다.

이 책은 아이들이 건강한 방법으로 화를 다스릴 수 있도록 도와줍니다. 또한 짜증부리는 아이를 다루기 힘들어했던 부모님 혹은 선생님들에게도 큰 도움이 될 수 있을 것입니다.

- 아이들도 화를 다스릴 줄 알아야 한다.
- 아이들도 자신이 지금 왜 화를 내고 있는지 알아야 한다.
- 아이들도 자신의 감정을 표현하고, 그것을 다른 사람과 공유하고 그것에 대해 다른 사람과 대화할 필요가 있다.
- 아이들도 화를 일으키는 상황을 지혜롭게 다룰 줄 알아야 한다.
- 아이들도 자신이 화났다는 사실을 현명하게 알릴 줄 알아야 한다.

이 책이 전해주는 지침들을 가지고 아이들과 대화해보세요. 책 속에 나와 있는 다양한 상황들을 통해 갈등을 해결하는 법, 화를 다스리는 법, 도움을 구하는 법 등 아이에게 꼭 필요한 지침들을 아이 스스로 찾도록 도와주십시오. 또한 아이 스스로 통제력을 가지고 자신의 화를 긍정적인 에너지로 바꿀 수 있도록 미리 계획을 세우게 하십시오.

아이들이 화를 잘 다룰 수 있도록 도와줄 지침이 아래에 나와 있습니다.

1. 화를 긍정적으로 다룰 원칙 세우기

자녀와 다툼이 있었다면 잠시 그 자리를 떠나 마음을 가라앉힌 후, 다시 아이와 대화해보십시오. 아이의 인격을 최대한 존중하면서 지금 상황을 이해시키고 당신의 상태도 돌아보십시오. 만약 여간해서 화를 제어하지 못하겠다면, 전문가의 상담을 받는 게 좋습니다.

2. 화를 다룰 수 있는 좋은 방법 만들기

당신의 상태를 아이에게 설명하고 이해시키세요.

"엄마 기분이 몹시 안 좋구나. 그래서 산책을 좀 갔다 오려고 하는데…."

"아빠가 직장에서 기분 나쁜 일이 있었어. 그래서 지금 기분이 안 좋구나. 잠시 혼자 있게 해주련?"

3. 아이들 앞에서 소리 높여 싸우지 않기

아이들은 부모님들의 미묘한 분위기를 놀랍도록 빨리 알아차립니다. 사랑하는 사람들이 서로 싸울 때 아이들은 무척 괴로워합니다. 버럭 소리 지르는 태도나 폭력적인 태도는 특히나 아이들에게 부정적인 영향을 미칩니다. 아이들은 부모님들이 큰 소리로 소리치면서 싸우면 공포에 떨거나 죄책감을 느낍니다. 혹은 자신이 나서서 이 상황을 좋게 만들어야 한다고 생각하거나 분노를 느끼기도 합니다. 아이들을 이런 힘든 상황으로 몰아넣지 마세요. 배우자와 논쟁할 일이 있다면, 시간을 정해서 최대한 조용하고 침착하게 의견을 나누세요. 부정적이고 쓸데없는 긴장을 없애는 일에 주의를 기울이세요. 언제나 당신의 자녀들이 당신을 보고 있다는 것을 잊지 말아야 합니다.

4. 합리적인 규칙과 교육 목표 세우기

아이들이 스스로 자신을 관리하고 다른 사람과 사이좋게 지내도록 하겠다는 식의 확고한 교육 목표를 세우세요. 만약 아이들에게 매를 들어야 한다면, 그러기 전에 이 방식이 아이들에게 어떤 영향을 미칠지 생각해보세요. 그 방법이 가장 효과적인지 아니면 더 나은 방법이 있는지를 염두에 두세요.

다음과 같은 행동을 아이가 자주 한다면 당신은 아이에게 '화를 다스리는 법'을 가르쳐줄 필요가 있습니다.

- 습관적으로 문제를 일으키거나, 갑자기 예전에 안 하던 실수들을 자주 한다.
- 잠을 잘 못 잔다.

187

- 식습관이 갑자기 바뀌었다.
- 고의적으로 문을 '쾅' 닫거나 가구를 발로 차거나 물건을 깨뜨리는 등의 행동을 한다.
- 스스로 불행하다고 생각한다.
- 예민해진 상태다.
- 다른 사람이나 동물들을 못 살게 군다.
- 학교나 집에서 자주 싸운다.

5. 아이들이 화내는 이유 파악하기

아이들이 흥분을 가라앉혔다면 이제 대화를 시작하세요. 아이의 말에 귀를 기울이되, 그들이 화를 내면서 했던 행동이나 말 등을 비난하지는 마세요. 설령 그 행동이나 말이 절대 용납할 수 없는 거라 해도 말입니다. 일단 화를 낸 원인을 찾아봅니다. 그러면 문제해결 방법 찾는 것도 한결 쉬워질 것입니다.

6. 화 다스리는 법 가르치기

많은 아이들이 감정표현 방법을 제대로 배우지 못해서, 화가 나면 무조건 소리치고, 싸우고, 욕하고, 짜증을 냅니다. 그런 아이들은 격한 감정을 다스리는 법, 마음을 침착하게 가라앉히고 스스로를 통제하는 법, 다른 사람들과의 대화법 등을 배워야 합니다. 갈등을 일으킨 상황을 역할극의 상황으로 만들어 직접 경험해보는 것도 좋습니다. 그런 과정을 통해 아이들은 효율적인 문제해결법을 배울 수 있습니다.

아이를 혼내려는 게 아니라 갈등을 긍정적인 방식으로 해결하려 한다는 것을 아이에게 알려주십시오.

아이들 스스로 갈등을 해결할 기회를 주세요. 그리고 아이가 도움을 요청하면, 가장 필요한 충고를 해주세요. 아이들이 학교에서도 화를 해결할 수 있도록 '화를 관리하는 모임'을 만들자고 학교에 건의할 수도 있습니다.

7. 선생님과 활발하게 의사소통하기

아이가 화를 내는 상황과 아이의 화를 다스리는 방법에 대해 선생님과 이야기해보세요. 만약 당신이 선생님이라면 반대로 그런 주제를 가지고 부모님과 대화할 수도 있습니다. 부모님과 선생님이 함께 노력할 때, 아이들은 긍정적으로 화를 다스릴 수 있게 됩니다.

8. 아이가 보는 텔레비전, 영화, 비디오 게임 내용
관찰하기

미디어의 폭력적인 장면이 사람에게 어떤 영향을 미치는지, 그렇게 미화된 장면이 얼마나 나쁜 영향을 끼치는지 아이들과 이야기해보세요. 그리고 시간이 된다면, 텔레비전을 꺼버리고 지금 당장 아이와 나가서 자전거를 타든지 공원에 가든지 함께 음식을 만들어보세요.

9. 필요할 때 외부의 도움 구하기

만약 이 책을 통해서도 별 도움을 못 얻었다면 전문가를 만나보세요. 학교의 상담교사, 심리치료사, 시민단체 전문가, 아동행동연구자들에게 도움을 받을 수 있습니다. 또는 신뢰할 만한 의사나 성직자에게 상담을 구하세요.

지은이 소개

트레버 로메인 *Trevor Romain*은 어렸을 때 미술에 소질이 없다는 선생님의 말을 듣고 미술공부를 그만두었습니다. 그러나 20년이 지난 어느 날, 우연히 자기도 그림을 잘 그릴 수 있다는 것을 발견하고 이후 20권이 넘는 어린이 책을 쓰고 그림을 그렸답니다. 그는 이제 정기적으로 학교에 가서 아이들과 이야기를 나누고, 여가 시간에는 텍사스 오스틴에 있는 브래큰리지 *Brackenridge* 병원에서 소아암 환자들과 함께 시간을 보낸답니다.

엘리자베스 베르딕 *Elizabeth Verdick*은 8년간 아동도서를 편집했습니다. 엘리자베스는 《매일매일 중요한 날 만들기 *Making Every Day Count*》의 공동저자이기도 합니다.

마조리 리즈스키 *Marjorie Lisovskis*는 23년 동안 아이들과 부모님, 선생님들을 위한 책을 펴냈습니다. 또한 모든 연령의 아이들을 위해 노래를 만들고 동화를 쓰기도 했습니다.

옮긴이 소개

이소희는 숙명여자대학교에서 아동복지학 박사학위를 받고, 동 대학에서 아동연구소장을 역임했으며 현재 숙명여자대학교 아동복지학 교수로 재직중입니다. 국무총리 청소년보호위원회, 대통령 자문 유아교육개혁위원회 위원 및 한국아동학회 총무를 역임했으며, 현재 한국 가족복지학회 회장, 한국 영리더십 센터와 한국부모코칭센터의 자문교수로도 활동중입니다. 저서로는 《아동복지실천론》, 《보육학개론》 등이 있습니다.

이정화는 숙명여대 아동복지학 박사학위를 받고 원광아동발달연구소 상담연구원을 역임했습니다. 현재 한국부모코치센터 대표이자 한양여자대학교 아동복지학과 겸임교수로 재직중입니다. 코칭클리닉 강사 및 한국놀이치료학회 공인 놀이치료사로도 활동하고 있으며, 저서로는 《놀이치료 핸드북》, 《발달척도 핸드북》 등이 있습니다.

Our Mission

─. 우리는 새로운 지식을 창출, 전파하여 전 인류가 이를 공유케 함으로 써 인류문화의 발전과 행복에 이바지한다.

─. 우리는 끊임없이 학습하는 조직으로서 자신과 조직의 발전을 위해 쉼 없이 노력하며, 궁극적으로는 세계적 컨텐츠 그룹을 지향한다.

─. 우리는 정신적, 물질적으로 최고 수준의 복지를 실현하기 위해 노력하며, 명실공히 초일류 사원들의 집합체로서 부끄럼없이 행동한다.

Our Vision   한언은 컨텐츠 기업의 선도적 성공모델이 된다.

저희 한언인들은 위와 같은 사명을 항상 가슴 속에 간직하고
좋은 책을 만들기 위해 최선을 다하고 있습니다.
독자 여러분의 아낌없는 충고와 격려를 부탁드립니다.

- 한언가족 -

HanEon's Mission statement

Our Mission

─. We create and broadcast new knowledge for the advancement and happiness of the whole human race.

─. We do our best to improve ourselves and the organization, with the ultimate goal of striving to be the best content group in the world.

─. We try to realize the highest quality of welfare system in both mental and physical ways and we behave in a manner that reflects our mission as proud members of HanEon Community.

Our Vision   HanEon will be the leading Success Model of the content group.